W0395117

Le fabuleux destin des baby-boomers

Michèle Delaunay

Le fabuleux destin des baby-boomers

PLON
www.plon.fr

© Éditions Plon, un département de Place des Éditeurs, 2019
12, avenue d'Italie
75013 Paris
Tél. : 01 44 16 09 00
Fax : 01 44 16 09 01
www.plon.fr
www.lisez.com

Mise en pages : Nord Compo
Dépôt légal : novembre 2019
ISBN : 978-2-259-28062-4

Le Code de la propriété intellectuelle interdit les copies ou reproductions destinées à une utilisation collective. Toute représentation ou reproduction intégrale ou partielle faite par quelque procédé que ce soit, sans le consentement de l'auteur ou de ses ayants cause, est illicite et constitue une contrefaçon sanctionnée par les articles L. 335-2 et suivants du Code de la propriété intellectuelle.

À ma petite équipe ministérielle.
Ensemble nous fûmes militants de l'âge
et nous le demeurons plus que jamais.

Avant-propos

Ce livre n'est pas un livre sur les Ehpad[1], pas davantage un retour sur Mai 68 et ses slogans, c'est un postulat sur le proche avenir. La génération des baby-boomers, qui se trouve être la mienne, aborde aujourd'hui le champ de l'âge. Ses aînés ont 73 ans, les plus jeunes autour de 50 ans selon la limite que l'on fixe à ces Trente Glorieuses de la natalité. Bon an mal an, ce sont cependant 20 millions de Français qui peuvent s'honorer d'être aujourd'hui des « boomers » de plein exercice.

Mais le nombre n'est pas tout. Si on les qualifie quelquefois de « silver génération » en référence aux cheveux qui s'argentent, c'est plus sûrement parce qu'ils avancent vers l'âge massivement, en meilleur état et bien différemment de leurs parents et de leurs grands-parents. Ce n'est pas à un « troisième âge » qu'ils se préparent, mais bien à une « troisième vie » qui sera imprégnée de tout ce qu'ils ont appris et conquis.

1. Établissements d'hébergement pour personnes âgées dépendantes.

Ils ont grandi dans une culture d'émancipation que les événements de Mai 68 ont concrétisée, mais dont les effets se sont surtout fait sentir au fil des années suivantes, en premier lieu par les avancées des droits des femmes. Ils ont bousculé de nombreuses barrières, et ce sont aujourd'hui celles de l'âge qu'il leur reste à faire tomber.

Ils sont aussi la première génération à accompagner (ou à avoir accompagné) en grand nombre leurs parents dans un vieillissement non anticipé, ceci dans un temps où les familles se dispersent et ne vivent plus du tout dans la même proximité que dans la première moitié du XXe siècle. Leur propre vieillissement, ils veulent à la fois l'anticiper et le retarder, et ils ont tous les atouts pour cela.

Troisième particularité, majeure et que l'on oublie toujours de souligner : l'accélération des progrès de toutes sortes, technologiques et plus encore médicaux, lesquels ont rendu, par exemple, les prothèses articulaires presque banales, prolongeant de beaucoup leur mobilité, et fait de nombreuses maladies graves, cancers y compris, des maladies chroniques ou les ont même guéries. Le destin de la génération de la natalité était scellé : elle serait aussi celle de la longévité.

Car la problématique de la période actuelle n'est pas le vieillissement, ou alors seulement le vieillissement démographique – qui est celui de la population envisagée globalement, dont l'âge moyen est en augmentation régulière. Individuellement, le vieillissement a toujours existé et il n'est pas très différent de celui de Cicéron ou de Montaigne : seulement, il apparaît et ne devient empêchant que beaucoup plus tardivement. La question nouvelle à laquelle il faut apporter une réponse nouvelle, c'est la longévité.

Cette chance immense n'en sera vraiment une qu'à la condition d'un changement de société qui passe par un changement de regard sur l'âge, mais aussi par des modes de vie différents, par l'émergence de secteurs économiques autour du numérique et par des réformes majeures – qu'il s'agisse du système de santé, du travail, des retraites ou de la fiscalité –, bref, par une vision largement revue et corrigée de nos équilibres sociaux et sociétaux.

Ce sont bien les boomers qui vont porter – et portent déjà – ce changement de société afin que la « révolution de l'âge », ce bouleversement apporté par la longévité, cet incroyable cadeau, ne tourne pas à la guerre des générations du fait du déséquilibre qu'elle introduit par rapport aux vieux schémas entre actifs et ceux qui sont considérés comme ne l'étant pas (les trop jeunes ou les trop vieux).

Pour cette révolution réussie, ils ont désormais la chance non seulement de leur nombre qui va l'imposer, mais d'une « troisième vie » aussi longue que celle de Schubert ou de Mozart, une vie à accomplir et non pas à occuper. Pour autant, il ne faut pas qu'ils soient, et se sentent, enfermés dans la retraite et dans la mise en « retrait » ; il faut que l'âgisme, qui n'est déjà que trop présent, ne tourne pas au « dégagisme » que l'on voit déjà poindre.

Pour cette révolution, si profonde, si indispensable et si exigeante, il faut qu'ils inventent la place et le rôle que la société n'a que trop tendance à leur refuser encore. Il faut qu'eux-mêmes s'émancipent de l'âge comme ils se sont émancipés de tant de contraintes sociales, et y entraînent les autres générations. C'est en réalité le fond du propos de cet ouvrage, où l'on ne trouvera nulle recette de jouvence, mais des pistes, individuelles et collectives, pour que les « âgés » soient âgés exactement comme les « jeunes » sont jeunes, naturellement et en symbiose avec les autres générations et qu'ils participent de la construction de ce monde nouveau dont ils constituent peut-être la nouveauté la plus radicale et, en tout cas, la plus humaine.

I

Le big-bang des baby-boomers

La génération du baby-boom n'est contestée ni par les sociologues ni par les historiens, et sans doute est-elle la seule, dans la variété de propositions qui l'ont suivie (générations X, Y, millennials, etc.), à être clairement individualisée.

Son importance numérique suffit à l'imposer : en nous référant au nombre de naissances, nous sommes 24 millions à être nés au sein de promotions annuelles de 800 000 à 900 000 bébés et, tous ensemble, nous faisons aux courbes démographiques ce que l'éléphant fait au boa du *Petit Prince* dans le dessin de Saint-Exupéry : une bosse large et épaisse dont la digestion s'annonce difficile. Mais le nombre n'est pas le critère unique : l'histoire de vie et le rôle passé, présent et, espérons-le, futur de cette forte cohorte ajoutent à son identification.

Pour autant, le baby-boom, en France comme ailleurs, connaît des limites un tant soit peu fluctuantes. Si tout le monde s'accorde sur son début en 1946, l'historien Jean-François Sirinelli[1] fixe sa fin en 1969.

1. Jean-François Sirinelli, *Les Baby-boomers*, Fayard, 2003.

J'ai prolongé quelque peu cette période jusqu'en 1973 pour lui assurer une base chiffrée solide : celle d'un nombre annuel de naissances supérieur à 800 000 ; le chiffre le plus bas (806 000) étant celui de 1955, et le plus haut celui de 1964 (877 800). Les naissances se sont tenues entre ces deux chiffres, sans jamais atteindre 900 000, pour chuter brusquement en 1974.

Ce choix de 1973 a une autre explication : l'objet de cet ouvrage est d'analyser, et si possible d'anticiper, l'apport massif de cette génération au vieillissement démographique et plus encore au changement de société qu'il impose. Qu'un boomer soit né en 1969 ou en 1973, il fait partie d'une seule et même cohorte de vieux potentiels ou déjà en exercice.

Ce choix de vingt-huit années de « booming[1] » est discutable, comme tous ceux qui ont été faits. Au cours des trois dernières années de la période choisie, les tout premiers bébés des premières boomeuses contribuent pour une faible part au total proche de 24 millions de naissances, ce qui correspond à une moyenne annuelle de 832 400 que l'on ne reverra sans doute pas de sitôt.

À titre de comparaison et bien que la politique nataliste du gouvernement de Vichy ait déjà amorcé un accroissement de la population – et ceci malgré l'absence du foyer familial de plus d'un million de prisonniers –, on comptait, en 1945, 200 000 naissances de moins qu'en 1946. Les 767 000 naissances

1. Mika Biermann, *Booming*, Anacharsis, 2015.

de 2018 consacrent aujourd'hui une baisse progressive et continue de la natalité française et du taux de remplacement des générations, lequel est aujourd'hui de 1,88, alors qu'il n'y a authentique remplacement qu'à partir du chiffre de 2,1[1].

1. Le taux de remplacement correspond au nombre moyen d'enfants par femme nécessaire pour que chaque génération en engendre une suivante de même effectif.

Génération boomers

Le baby-boom a touché plusieurs continents et, en Europe, il se présente très différemment selon les pays, ce qui justifie de considérer la France précisément. Elle apparaît, en effet, comme le pays le plus favorisé en nombre total de naissances comme en durée de la période de haute fertilité, suivie de près par le Royaume-Uni. Le taux de remplacement des générations a commencé de croître significativement dès 1946 pour atteindre un pic de 2,8 et ne franchir à la baisse le seuil de 2,1 qu'en 1975.

Dit autrement, la France a connu le baby-boom le plus marqué et le plus long d'Europe, et peut être considérée comme un exemple significatif pour l'analyse de ses conséquences. L'Italie et l'Espagne avaient déjà avant 1945 un taux de natalité élevé, mais qui s'est ensuite différemment réduit. Le baby-boom italien, où le taux de remplacement culmine à 2,5 en 1973, est particulièrement bref et il rejoint celui de la France (2,1) dès 1975. L'Espagne atteint un pic voisin de la France en 1973, et baisse dix ans plus tard rapidement jusqu'à rejoindre Italie et Allemagne au maigre taux de 1,4.

L'Allemagne, très affaiblie par les dernières années de guerre, puis occupée, ne verra, on le devine, que tardivement sa population croître, et le taux de remplacement n'atteindra 2,5 qu'en 1968 pour plonger ensuite durablement. Ces chiffres, quelque peu rébarbatifs, expliquent que le phénomène du baby-boom est vécu très différemment selon les pays. Peu ressenti en Allemagne, il n'occupe pas la même responsabilité qu'en France dans le vieillissement démographique, lequel s'est accentué continûment de 1950 à aujourd'hui.

Le point de ralliement des pays européens correspond aujourd'hui à un taux insuffisant de remplacement des générations (entre 1,9 pour les pays à fort baby-boom et 1,4 pour les pays à baby-boom court). Ce taux de remplacement globalement faible s'accompagne pour tous d'un taux élevé de dépendance économique[1] qui se joue dans des contextes économiques et financiers largement différents.

Oiseaux du matin...

L'historien du baby-boom Jean-François Sirinelli distingue deux générations de boomers. La première, composée des enfants nés entre 1945 – voire un peu avant – et 1955, qu'il labellise « 4 P » pour « paix », « progrès », « prospérité » et « plein emploi », et qu'il

1. Voir page 101.

considère un peu comme les vrais baby-boomers, certifiés et garantis. Il leur accorde dix millions de têtes en une douzaine d'années.

La seconde génération réunit ceux qui, nés après 1955, atteindront 20 ans dans la seconde partie des années 1970 alors que la France est déjà touchée par la crise de 1973-1974. Leur socialisation est alors bien différente de celle de leurs aînés, qui ont pleinement baigné dans l'atmosphère de Mai 68.

Comme Sirinelli, je crois en effet en des différences importantes entre ces deux groupes pratiquement égaux en nombre de naissances, mais j'en situe davantage l'origine dans leurs jeunes années. Les « oiseaux du matin » (nés entre 1946 et 1955), dont je fais partie, ont été durablement marqués par le souvenir de la guerre et par les affres de la décolonisation. Comme la majorité de mes congénères, mes grands-pères faisaient partie de la « génération du feu », l'un est mort sur le champ de bataille, l'autre en a conservé de lourdes séquelles, ce qui fut le cas dans de nombreuses familles ; mes deux parents ont connu la Seconde Guerre, l'un comme soldat, les deux comme résistants, et la guerre d'Algérie a été presque quotidiennement présente dans ma vie, entre 1954 et 1962. Mon père, préfet, s'était attribué la charge de prévenir les familles des appelés de son département morts dans les djebels. Je me souviens ainsi de manière indélébile de ces moments comme du nom des villes et villages d'Algérie où ces morts s'étaient produites. Pourtant, contrairement à beaucoup de ceux de mon âge, je n'avais ni parent ni frère aîné sur les lieux des combats.

Outre l'empreinte des conflits, les « oiseaux du matin » ont grandi dans une certaine frugalité. Les mesures de rationnement ont perduré en France jusqu'en 1948, et il a fallu pratiquement une dizaine d'années après la fin de la guerre pour que la société de consommation prenne le relais. Dans cette première décennie de l'après-guerre, les vêtements sont encore achetés en petit nombre, pour leur résistance et non selon le prestige de marques alors ignorées, les enfants « finissent leur assiette » et économisent leurs affaires. Je me souviens comme d'une malédiction du fait que ma grand-mère défaisait des tricots plus anciens pour me confectionner des pull-overs et des écharpes.

Plus globalement, nous avons été formés dans une culture que l'on peut qualifier de « paysanne », où la valeur travail avait encore tout son sens : réussir à l'école (dans des classes de quarante-cinq à cinquante élèves), aller plus loin que les générations antérieures, explorer le champ des possibles était, pour les filles en premier lieu, un challenge important, qui trouva plus tard sa concrétisation dans un féminisme exigeant et égalitaire. Progressivement, ma demi-génération commencera à profiter de ce qui relevait du superflu, lequel ne s'épanouira que plus tard avec la montée de la « culture jeune ».

… et oiseaux de midi

Les « oiseaux de midi », nés après 1955, ont connu dès leur enfance une accélération très rapide de l'Histoire. L'enjeu majeur n'était déjà plus l'effort de reconstruction du pays, mais bien davantage le confort familial et les loisirs. Progrès sociaux, croissance, nouveautés technologiques étaient en train de changer la vie, au sein des familles comme au-delà. Le cocon familial s'équipait de réfrigérateurs, de lave-linge, de postes de télévision et autres signes de confort moqués par Boris Vian, et plus tard stigmatisés par Georges Perec[1]. Les jeunes avaient désormais leurs besoins propres et obtenaient sans trop de difficulté le transistor et le tourne-disque qui rempliraient leurs soirées de musique américaine et de chanteurs yé-yé. Les livres y perdraient la part d'emploi du temps dont sons et images faisaient tous les jours davantage la conquête.

Dans les années 1960, les valeurs paysannes qui ont marqué les premiers boomers commencent à s'user et se trouvent en décalage par rapport à une société désormais placée sous le signe de l'abondance et de la consommation. Les produits n'apparaissent plus comme le fruit du travail, mais comme un bien qu'il suffit d'acheter. Les marques font leur apparition, se multiplient comme des biens en soi et se substantivent : on achète désormais un Teppaz ou un Frigidaire, et les

1. Boris Vian, « La Complainte du progrès », 1955, et Georges Perec, *Les Choses*, Julliard, 1965.

mamans accèdent aux produits de beauté Lancôme ou Avon et à la laque Elnett. La montée de la publicité dans les magazines, à la radio et bientôt à la télévision saisit et installe les désirs nouveaux. Parallèlement, les normes et les contraintes se desserrent et l'individualisme gagne du terrain. Quelque chose approche qui va transformer la mutation en basculement.

Et pourtant, ces deux demi-générations n'en sont qu'une, et c'est justement une rupture bruyante qui va faire leur unité. Mai 68 constitue une sorte de mise en musique – de mise en mots est plus juste – de la somme des valeurs et des contre-valeurs que l'apport des vagues successives de jeunes arrivants fait s'entrechoquer. S'y ajoutent l'ouverture au monde, le cumul des influences politiques et le rejet d'une guerre nouvelle, celle du Vietnam, qui agrège la libéralisation des mœurs en un slogan « Faites l'amour, pas la guerre ».

Le moment est venu du choc : ce sera Mai 68. Même si la majorité de cette génération n'est pas composée de bacheliers, c'est la partie diplômée détentrice du sens des mots qui va façonner la mémoire dominante, laquelle fait que tous les baby-boomers apparaîtront comme d'anciens soixante-huitards. Même les plus tardifs des enfants du baby-boom ont reçu en héritage la vision de l'avenir façonnée sur les barricades. Notre génération a, en réalité, trouvé son unité dans un rêve[1].

---

1. Hervé Hamon et Patrick Rotman, *Génération, les années de rêve*, Seuil, 2008.

Les années d'apprentissage

Ils sont 24 millions, ces bébés qui sont arrivés en rangs serrés dès la fin de la Seconde Guerre mondiale et jusqu'à 1973, année à partir de laquelle leurs promotions se sont approchées des standards plus habituels. Pendant près de trente ans, elles ont flirté, sans jamais l'atteindre, avec le million de berceaux au prix d'un certain encombrement des maternités et des crèches, puis des écoles et bientôt des universités. Mais au contraire de leur précipitation à naître, ces boomers commençaient alors à décider eux-mêmes de leur destin.

Boomer premier âge

Après leur spectaculaire entrée dans le monde, qu'allaient devenir ces baby-boomers en grandissant ? Même s'ils n'y étaient alors pas pour grand-chose, ils ont, entre les années 1945 et 1960, révolutionné l'image et l'environnement des premières années de la vie. Finis les berceaux traditionnels usés par plusieurs générations, finie ou en tout cas concurrencée la layette tricotée à la maison, *welcome* Bébé Confort, entreprise née en 1936 qui va, dix ans plus tard, voir sa clientèle se multiplier. Si la couche jetable n'apparaît sur le marché français qu'au début des années 1970, les habits de bébé connaissent très rapidement des couleurs nouvelles, et la décoration de la chambre d'enfant change de siècle…

Le « bébé roi » était né, et son règne s'affirmera d'autant plus qu'il deviendra, trois décennies plus tard, sensiblement plus rare. Avec le « boomer premier âge » vont aussi advenir la crèche et le développement de l'école maternelle ; introduite au début du siècle par Pauline Kergomard, celle-ci allait bien vite prendre une vraie place dans le parcours éducatif. Non seulement maman n'est plus à demeure à la maison, mais elle veut un rejeton à son image : socialisé, émancipé et éduqué…

L'Organisation mondiale pour l'éducation préscolaire (OMEP) est fondée en 1948 à l'initiative de la France. En 1970, les finalités et les méthodes de cet enseignement (apprentissage des savoirs fondamentaux et du langage, socialisation) sont clairement posées. S'ils n'en sont pas vraiment responsables, sinon par leur nombre, les jeunes boomers sont à l'origine de la prise de conscience du caractère fondamental de cet enseignement « maternel » et de mieux en mieux théorisé et dispensé. L'importance de son rôle est aujourd'hui confirmée par la décision de le rendre obligatoire à partir de 3 ans.

L'école primaire a grandement bénéficié de cet apport, mais elle avait encore, entre 1945 et 1960, ce délicieux parfum d'école de la République. Rien ne manquait : l'institutrice (très respectée), le tableau et la craie, le mobilier de bois, la plume et l'encre, ces dernières vouées à une disparition précoce quand le baron Bich créa la marque du même nom (Bic). En même temps que les écoliers croissaient et se multipliaient, ils devenaient autant d'adeptes des stylos à bille et un peu plus tard des feutres couleurs qui allaient ringardiser pinceaux et aquarelle. Le crayon, papier ou couleur, serait ainsi le seul survivant de l'école d'antan : espérons que son côté 100 % matières naturelles le rendra « durable » de manière définitive.

Dans mes premiers souvenirs d'élève, les classes comptaient une cinquantaine de studieux bambins, classes que l'on qualifierait aujourd'hui d'ingouvernables, mais dont Mlle Lacome, mon institutrice, obtenait une attention qui ne justifiait que peu de réprimandes. C'était une institutrice de film rétro, sévèrement habillée, mais dont je n'ai pas souvenir d'avoir jamais entendu un éclat de voix ou une sévère réprimande. Les « petits polissons », comme on les appelait alors, étaient fiers de leur statut d'écoliers attentifs et de leurs cahiers couverts de papier bleu, et leurs facéties ne duraient guère.

Les établissements primaires n'étaient alors mixtes que pour 30 % d'entre eux, et les enfants étaient décorés de blouses grises ou à carreaux dont nul ne souffrait. Les « photos de classe » d'année en année témoignent du bon comportement des enfants, rangés en lignes superposées derrière leur « maîtresse », et font la preuve de la réelle mixité sociale des écoles publiques. C'est d'ailleurs parce qu'un nombre important d'enfants étaient issus de milieux peu fortunés que Pierre Mendès France introduisit en 1956 une collation pour tous, faite d'un grand verre de lait que je détestais malgré l'addition d'une petite enveloppe de poudre de chocolat. Il n'est pas indifférent de retrouver aujourd'hui cette même préoccupation sous la forme d'un petit déjeuner à l'arrivée des écoliers.

Révolution dans le secondaire

Mais bientôt, l'Éducation nationale s'inquiète : le secondaire parviendra-t-il à accueillir un aussi grand nombre d'enfants ? Interrogation qui s'est accusée en 1959, quand la scolarité obligatoire a été repoussée de 14 à 16 ans. La réforme demanda ainsi de nombreux mois avant d'être effective pour tous et elle condamna à une fin prochaine le certificat d'études[1].

Collèges et lycées sont alors construits en grand nombre et, en 1960, on compte déjà 2,3 millions d'enfants dans le secondaire, témoignant d'une forte demande sociale et de l'amélioration des moyens des familles. La mixité s'installe timidement dans les établissements et les jeunes filles manifestent une nette préférence pour ceux qui sont mixtes ; chance que je n'ai eue que dans les toutes premières classes. Ce n'est qu'en 1976 que la mixité deviendra obligatoire.

En 1950, moins de 10 % des jeunes parviennent au baccalauréat et seulement 5,2 % l'obtiennent. En 1960, ils ne sont encore que 11 % à affronter

1. En 1972, il sera réservé aux adultes désireux d'être titularisés dans la fonction publique et définitivement supprimé en 1989, après cent trois ans de service.

l'examen et 60 % d'entre eux deviennent bacheliers. Dix ans encore, et ce sont 20 % des jeunes de la classe d'âge qui obtiennent le diplôme. Autres temps, autres bacs : c'est aujourd'hui plus de 70 % des jeunes qui y accèdent et 88 % qui l'obtiennent…

Étudiants et étudiantes

L'enseignement supérieur connaît, à partir de 1960 (année de l'arrivée des tout premiers boomers) jusqu'à 2000 (où ils ont fini de le quitter), une hausse spectaculaire : 310 000 étudiants sur les bancs des universités en 1960 et 2 160 000 en 2000 ! L'explosion ne tient pas qu'au baby-boom, mais aussi au fait que les femmes, rares jusqu'alors à ce niveau d'études, y entrent massivement.

À partir des années 1960, les universités se remplissent à pas de géant et les femmes y ont désormais une place importante. C'est le cas en médecine où, en 1968, on compte 30 % d'étudiantes, exemple que je connais bien pour y avoir fait mon parcours et qui a la particularité que jusqu'alors elles y demeuraient en forte minorité, alors même que la première étudiante avait été admise dès 1868. Les femmes n'investissaient toujours pas l'ensemble des spécialités et ne poursuivaient pas toujours leur carrière quand elles devenaient mères de famille.

Ce pourcentage de 30 % d'étudiantes-médecins a crû beaucoup et rapidement lorsque fut installé le numerus clausus (1972), qui découragea un certain nombre de postulants masculins. Aujourd'hui, ce sont

60 % d'étudiantes que comptent nos facs de médecine, ce qui permet d'envisager qu'en 2022 les femmes médecins seront majoritaires. Dès aujourd'hui, elles représentent 41 % de l'effectif total contre 26 % en 1986. Cette évolution, si elle ne paraît pas jusqu'alors « dévaloriser » la profession, entraîne de notables modifications d'exercice de la médecine du fait du peu d'attrait de nombre de ces « docteures » pour des journées de quinze heures dans des territoires où services publics, plateaux techniques et établissements scolaires sont de moins en moins accessibles, pour elles comme pour leurs enfants.

Les facs de droit et de sciences humaines se sont parallèlement remplies d'étudiantes, tandis que les « sciences dures » (mathématiques, physique) restaient majoritairement masculines. C'est aujourd'hui encore le cas et un effort est fait pour attirer plus de femmes vers des professions scientifiques.

Entrée massive dans l'emploi

Dès la fin de leur formation, l'immense majorité des femmes du baby-boom travaillent et ont à concilier profession et vie familiale et personnelle. L'évolution du taux d'emploi des femmes nées dans cette période est spectaculaire : 65 % d'entre elles nées en 1945 étaient actives à l'âge de 40 ans. Au même âge, celles nées en 1960 étaient 80 % à être actives ; et celles nées en 1970, 85 %. Le taux d'emploi a ainsi augmenté de 20 points pour les femmes nées pendant ce quart de siècle.

Un autre mode d'appréciation démontre qu'en 1962 (avant l'arrivée à l'emploi des boomeuses) seulement 40 % à 50 % des femmes en âge de travailler sont déclarées « actives » (situation de chômage comprise) – rappelons au passage qu'à cette date les femmes devaient demander l'autorisation de leur mari pour pouvoir travailler.

En 2013 (alors que les premières boomeuses se rapprochent de la fin de leur activité professionnelle), ce sont 80 % des femmes qui sont recensées comme actives. Ce taux élevé est dû principalement à une forte augmentation du salariat féminin, mais aussi à une meilleure reconnaissance de l'activité des femmes d'agriculteur, des statuts de conjoint collaborateur, d'assistante maternelle et d'autres situations. On enregistre ainsi presque un doublement de l'emploi féminin entre l'avant baby-boom et l'année 2013, où les boomeuses qui travaillent ont toutes accédé à l'emploi et n'en sont pas encore sorties (elles ont entre 43 et 58 ans).

Dès les années 1970, les femmes accèdent pratiquement à tous les métiers et atteignent souvent le plus haut niveau. Ce sont les femmes de la première décennie du baby-boom, qui ont monté une à une les marches spectaculaires de la réussite et de l'émancipation professionnelles : première femme major de l'ENA (Françoise Chandernagor en 1969), première femme major de Polytechnique (Anne Chopinet en 1972), première femme médecin général (Valérie André en 1981), première navigatrice victorieuse de la Route du Rhum (Florence Arthaud en 1990), première femme à la tête d'une grande organisation syndicale

(Nicole Notat en 1992) et même première femme préfète (Yvette Chassagne) en 1981 ; c'est-à-dire tardivement, ceci démontrant la force du plafond de verre limitant leur accès à la haute fonction publique et l'incroyable barrière symbolique que supposait le « conseil de révision » sous l'autorité des préfets…

Mais aussi première conductrice de métro, première astronaute, première pilote de ligne, première conseillère d'État, première présidente de la Cour de cassation, première procureure, etc., tout cela avant l'année 2000. Sans conteste, les femmes n'ont pas chômé pendant le demi-siècle de l'après-guerre ; quelquefois, d'ailleurs, non sans découvrir que les hommes ne jouaient pas spontanément le jeu de l'égalité et du partage des tâches. Les héroïnes alors eurent le droit de se déclarer fatiguées…

C'est ainsi qu'en 1987 paraît *Le Ras-le-bol des superwomen*, de Michèle Fitoussi[1]. Les femmes mesurent qu'elles sont contraintes d'avancer à égalité de rythme dans leur vie familiale et professionnelle. Elles continuent d'assurer les trois quarts des tâches domestiques et les hommes valorisent leurs efforts, mais ne les partagent qu'à la marge. Ils conservent par ailleurs leur chasse gardée que sont les lieux de pouvoir. Si Édith Cresson se verra confier en 1991, pendant dix mois, la fonction de Premier ministre, il faudra attendre 2012 pour que François Hollande ait l'initiative d'instaurer un gouvernement égalitaire en nombre de ministres féminins et masculins.

1. Calmann-Lévy, 1987.

Simone Veil déclarait avec simplicité qu'elle avait eu beaucoup moins de mérite à percer le plafond de béton armé de la réussite politique que n'en avaient eu ses belles-filles. Dans son cas, parents et grands-parents jouaient le rôle de nounou ; pour ses petits-enfants, Simone, elle, avait d'emblée déclaré forfait faute de disponibilité. On notera avec amusement qu'une de ses ex-belles-filles, Agnès Buzyn, lui a aujourd'hui succédé au ministère de la Santé.

Il est devenu habituel de dire, de manière un peu dépréciative, que les baby-boomers constituent une génération dorée[1] parce qu'ils ont bénéficié du plein-emploi. C'est vrai, mais sans tenir compte de l'expérimentation qui fut celle des boomeuses de la double journée, des problèmes de garde d'enfant, des mutations géographiques différentes et des postes à distance de ceux de leurs maris. Ainsi ma mère, inspectrice de l'enseignement, n'avait pas le droit d'exercer son métier dans le territoire administratif de son mari préfet.

Les femmes ne s'en doutaient pas encore : bientôt les difficultés de leurs parents qui vieillissent s'ajouteraient à leur emploi du temps.

Liberté sexuelle et « outing »

Si les héroïnes de la libération des femmes, précurseures de son expression, avaient largement anticipé l'appel du baby-boom (Simone de Beauvoir, Simone

1. Voir page 39.

Veil, Yvette Roudy, Michelle Perrot, Antoinette Fouque, Monique Wittig, etc.), la diffusion et surtout la concrétisation de la pensée féministe ont été très vite prises à bras-le-corps par la première promotion de boomeuses. Certaines s'illustrèrent très jeunes par des actions d'éclat aux côtés de l'avocate Gisèle Halimi (née en 1927), qui eut un rôle déterminant en particulier avec la publication du manifeste des 343 « pour la contraception et la légalité de l'avortement », où elles déclaraient avoir elles-mêmes avorté. On était alors en 1973, ce qui explique d'ailleurs que la plupart des signataires étaient nées avant le baby-boom.

La liberté sexuelle est, pour un large public, l'image dominante de la période autour et après Mai 68. Elle est marquée par deux éléments très différents : la loi Neuwirth qui légalise la pilule, laquelle connaît un début timide, mais ensuite une très rapide propagation, libérant les femmes de la crainte constante d'une grossesse non désirée et les couples des calculs de date et de température de la méthode Ogino, comme de l'inquiétude contraignante du retrait anticipé.

Le second facteur est d'un tout autre ordre : la guerre du Vietnam et, différemment, les révolutions d'Amérique latine ont généré un désir de paix et de liberté qu'illustraient l'idée d'une sexualité sans contrainte et de « l'amour au grand jour », voire la vie en communauté de garçons et de filles qui changeaient volontiers de partenaires. Les femmes, dans cette période, découvrent leur sexualité, laquelle n'est désormais plus cantonnée à la vie maritale, et multiplient les expériences hétéros et, de plus en plus souvent également, homosexuelles.

C'est avec les boomers aussi que l'homosexualité est sortie de la quasi-clandestinité dans laquelle elle était alors tenue. Les premières revues revendiquant le lectorat des personnes homosexuelles (*Akademos*, *Inversions*, etc.) et leurs objectifs ont ouvert la voie. L'heure est venue ensuite du « coming-out » de personnalités de la culture ou du journalisme, puis plus timidement de personnalités politiques, à titre individuel d'abord et bientôt comme une spécificité qu'il était important de porter au jour et de proclamer.

Puis, en 1970, l'apparition du sida a dramatisé une cause devenue une épidémie, la première depuis longtemps à tuer sans espoir de guérison. Malgré la difficulté non seulement à l'assumer, mais à l'afficher, le fléau fut très tôt illustré par le combat et la mort de grands noms de la musique ou de la littérature. Des œuvres ont fait date, qui ont marqué la littérature (Hervé Guibert, Yves Navarre, Dominique Fernandez) ou le cinéma (Cyril Collard) du double visage d'une affection certainement mortelle et liée à la sexualité, et en tout premier lieu à l'homosexualité masculine.

Des associations comme Act Up ou AIDES ont elles aussi endossé un double rôle de fait : militer pour la reconnaissance de l'homosexualité et agir pour la prévention, le traitement et l'accompagnement des malades.

Nombre de ces victimes ont marqué de leur notoriété le drame du sida, qu'ils aient ou non révélé leur maladie de leur vivant (Rock Hudson, Guy Hocquenghem, Klaus Nomi, etc.) ou que celle-ci n'ait été rendue publique qu'à leur mort (Michel Foucault, Rudolf Noureev, Thierry Le Luron).

Ajoutons que le sida a modifié le rapport des patients à leur maladie. Les personnes atteintes se sont tout de suite informées au maximum, certaines suivant les congrès et les publications scientifiques. Pratiquement toutes connaissaient leur devenir, ce qui a radicalement fait évoluer les relations médecins-malades. Pendant les premières années, ces malades étaient à Bordeaux hospitalisés dans mon service du fait des lésions cancéreuses cutanées qui faisaient partie de la maladie. Ce fut l'apprentissage indélébile d'un partenariat exigeant et douloureux.

L'homosexualité féminine s'est en partie émancipée du combat homosexuel masculin. Moins persécutée dans l'Histoire, moins marquée par la tragédie du sida, la cause lesbienne s'est bien davantage liée avec le combat pour la liberté sexuelle de toutes les femmes et le combat pour l'égalité des droits.

Là aussi, les grandes précurseures appartenaient à la génération d'avant-guerre, mais firent école dans la génération suivante par leur collaboration à des journaux et par de nombreuses publications. Les Éditions des femmes, créées par Antoinette Fouque, ont porté une littérature engagée à montrer la spécificité de la parole des femmes comme à installer l'identité de la « lesbiennité ».

Plus tardivement, les mouvements homosexuels se sont réunis en un courant « LGBT » réunissant lesbiennes, gays, bisexuels et transidentitaires auxquels vinrent s'ajouter les personnes se réclamant d'une totale indifférenciation de genre (queer).

Nuptialité, natalité, divorces

Au cours de leur vie, boomers et boomeuses n'ont pas été longtemps fidèles à la frénésie de mariages qui a servi d'écrin à leur naissance et à leur enfance. Cet âge d'or de la nuptialité commence dès la fin de la guerre, mais s'étiole à la fin des années 1960 pour chuter ensuite rapidement : 417 000 mariages en 1972 ; 334 400 en 1980 ; 297 100 en 1990 ; fugitif pic en l'an 2000 pour atteindre 245 000 en 2010, soit une réduction de près de moitié, alors que la population a continûment augmenté. La baisse ne concerne d'ailleurs que les mariages de célibataires, alors qu'au contraire la part des remariages augmente.

On considère (avec des variations selon les études) qu'à l'âge de 40 ans trois femmes sur dix de la génération 1970 sont célibataires, alors qu'elles n'étaient qu'une sur dix de la génération 1945-1950.

Plus marquant encore, l'âge plus élevé au mariage, accordant six ans de réflexion supplémentaires, entre 1970 et 2002, autant aux hommes qu'aux femmes (l'âge moyen passe de 24,7 ans pour les hommes à 30,4 ; et de 22 ans à 28,2 pour les femmes). Ceci allant de pair avec cela, la cohabitation avant mariage progresse rapidement, passant de 10 % des couples à 60, puis à 90 % (le mariage, plus ou moins tardif, à l'occasion de la première naissance) ; de même, la cohabitation sans mariage, sans ou avec naissance, a suivi une augmentation parallèle. Le Pacs, datant de 1999, est souvent utilisé comme un prémariage, mais s'il concerne les boomers, ils n'en sont pas les bénéficiaires majoritaires.

Moins et plus tard mariée, la génération boomer est plus, plus tôt et plus vite divorcée. La cohabitation avant mariage n'a pas, au contraire, arrangé les choses. En 1970, date à laquelle les premiers boomers atteignent l'âge de convoler, le divorce ne compte que pour 12 % des mariages (40 000 divorces). En 1985, ce taux de « divortialité » atteint 30 % pour parvenir en 2003 à 42,5 % et, dépassant en 2005 le cap de la rupture, un mariage sur deux se rompt. Le temps où Yvonne de Gaulle, épouse du président de la République, ne recevait à sa table aucune personnalité divorcée à l'exception de Jacques Chaban-Delmas est alors révolu…

Non seulement plus nombreux, les divorces surviennent après un moindre nombre d'années de mariage et les procédures vont plus vite. L'abondance des prétendants fera qu'en 2005 les procédures seront facilitées pour les mariages par consentement mutuel, qui comptent alors pour 54 % des divorces.

Les violences faites aux femmes n'ont pas encore le devant de la scène. La société française est moins brutale qu'aujourd'hui et surtout les victimes d'alors se déclarent peu : certaines par un mélange de pudeur et de honte, et d'autres, nombreuses et affirmées, sous l'influence du féminisme de combat et de liberté de l'époque, qui incitait peu à la plainte dans tous les sens de ce terme. Les femmes considéraient, en effet, volontiers qu'elles étaient en capacité de se défendre elles-mêmes et qu'elles n'avaient pas obligatoirement à porter plainte, ce que résume la phrase de la ministre Véronique Neiertz après l'introduction du délit de harcèlement : « On aurait mieux fait d'enseigner aux femmes à répondre par une bonne paire de claques. » C'était en réalité sous une forme plus radicale, mais difficile à exprimer par une ministre, que les soixante-huitardes et au-delà considéraient qu'elles pouvaient et devaient se défendre dans les situations délicates. Le trio « refus vigoureux, paire de gifles, coup de genou » répondait de manière aggravante à la « délicatesse » ou à la dangerosité de la situation. « *Me too* » était alors « *me first* ».

La marque de ces années d'apprentissage, particulièrement intenses jusqu'à l'année 2000, se prolonge dans la manière dont les boomers de la première mi-temps (nés entre 1945 et 1960) accèdent à l'âge. Sur bien des points, les suivants vivront de manière moins aiguë les transformations de la société, d'autant que celles-ci vont être brutalisées, voire mises en péril, après le choc pétrolier de 1973. L'accès à l'emploi devient plus difficile, les interrogations sur le progrès et la consommation apparaissent et s'accusent. En 1974, un candidat à la présidence de la République « venu de nulle part » malgré sa forte production d'écrits, René Dumont, alerte sur l'avenir de la planète et la rareté des ressources[1].

Son score sera faible (1,32 %), mais désormais il y aura quelque chose de cassé au Royaume de Danemark…

---

1. Voir page 221.

Boomers, génération dorée ?

Les boomers n'ont-ils fait que profiter d'un alignement particulier des planètes, cumulant croissance économique et accélération du progrès dans tous les domaines ? Je ne le crois pas : les circonstances ont sans doute favorisé leur accès à l'emploi et plus tard au logement, mais elles n'ont pas suffi à faire des décennies d'après 1945 un tapis de roses. Ces années ont en premier lieu paru bienheureuses par comparaison avec les deux guerres mondiales et la période trouble entre elles, mais même de ce point de vue tout n'était pas réglé. La guerre d'Algérie (1954-1962), la décolonisation et, en Amérique, la guerre du Vietnam, allaient fortement marquer la jeunesse des boomers, et le sida viendrait ébranler la confiance dans une amélioration continue de l'état de santé de la population. Pourtant, parallèlement, progrès et découvertes se multipliaient, changeant en quelques années les modes de vie, et la croissance permettait encore de croire à un avenir meilleur.

Agenda social chargé et embellie globale

Le progrès social le plus déterminant du XXe siècle est né en 1945, en même temps que les boomers : la Sécurité sociale. Cette « sécurité », jusque-là jamais atteinte, les a accompagnés sans discontinuité ni remise en cause jusqu'à ce jour. Dans son principe remarquable (« contribuer selon ses moyens et recevoir selon ses besoins ») comme dans son application au quotidien, la Sécurité sociale est « la fortune de ceux qui n'en ont pas » et un bouclier protecteur pour tous face aux risques de la vie (maladie, accidents du travail, chômage, retraite).

Au moment de sa création, l'espérance de vie était de 60 ans pour les hommes et de 65 ans pour les femmes, chiffre qui fut choisi comme âge légal de départ en retraite. Celle-ci durait donc peu et la question ne se posait pas de son financement, pas plus que celle d'un cinquième risque couvrant la « dépendance » du grand âge. Espérons que cette bonne fortune qui les a accompagnés dès la naissance ne se dérobera pas à la fin de leur vie, quand ils en auront plus que jamais besoin.

Dès l'après-guerre, les mesures sociales se succèdent à un rythme et une ampleur quasi révolutionnaires au regard de la relative stagnation antérieure. En trente ans, la situation des salariés change de siècle :

1946 : statut de la fonction publique ;
1950 : salaire minimum garanti (SMIG) ;
1956 : troisième semaine de congés payés ;
1958 : assurance chômage ;

1968 : quatrième semaine de congés payés, augmentation du SMIC de 30 % (accords de Grenelle) ;

1971 : formation professionnelle continue ;

1975 : assurance vieillesse.

En 1983, l'âge de la retraite est abaissé à 60 ans alors que l'espérance de vie est de 70 ans pour les hommes et de 76 ans pour les femmes. Cette mesure est unanimement saluée comme un progrès majeur, mais elle ignore l'augmentation pourtant déjà prévisible de l'espérance de vie.

Réparations et changements de pièces

Il n'est pas inutile de rappeler qu'en France, en un siècle, cette espérance de vie a doublé et qu'à un vieillissement subi de son début jusqu'à sa fin a succédé un vieillissement réparable qui retarde d'autant la grande vieillesse, et qui progresse favorablement d'année en année.

On ne le dit jamais assez, l'accélération du progrès des techniques médicales et des traitements est certainement la meilleure chance qu'ont croisée les boomers : elle leur a permis de gagner un trimestre par an d'espérance de vie, et plus encore de vieillir en bon état. À l'âge de 70-75 ans qu'ont aujourd'hui les premiers arrivés, ils sont effectivement jeunes en comparaison de leurs homologues des siècles précédents.

Le progrès le plus radical pour leur vie quotidienne est la banalisation du « changement de pièces », qui leur permet de gambader et de demeurer « ingambes » au lieu de devenir « grabataires », ces deux mots étant d'ailleurs en voie de rejoindre le placard poussiéreux du langage.

La prothèse de hanche est ainsi aujourd'hui quasi emblématique de la génération qui est la mienne. Intervention expérimentale en 1950, elle est ensuite devenue « risquée » et elle est aujourd'hui banale et considérée comme une simple réparation, dont on peut librement parler pour montrer son émancipation par rapport aux contingences de l'âge. Ainsi Alain Juppé en a fait état lors d'une séance du conseil municipal de Bordeaux. Nombreux sont ceux et celles qui, comme lui, l'assument publiquement. Une évolution comparable s'est fait jour il y a dix à vingt ans, quand les ministres femmes (Ségolène Royal, puis Rachida Dati) ont commencé à assumer leurs grossesses et la brièveté de leur absence pour motif d'accouchement.

Aller jusqu'à dire que ce changement de pièces est un *must* de notre génération peut paraître un peu excessif. Pour autant, ce sont 140 000 interventions qui sont pratiquées chaque année en France et 400 000 aux États-Unis. Que sera-ce dans dix ans, quand la France comptera 1 million de plus de personnes d'âge supérieur à 70 ans ?...

Les prothèses de genoux ou d'épaule suivent de peu cette progression, et il faut mesurer à quel point cette chirurgie orthopédique a modifié la qualité de vie des âgés et leurs possibilités d'activité physique et de déplacement, les uns comme les autres générateurs de longévité. Au passage, notons qu'en France tous ces changements de pièces constituent un modèle d'équité sociale et d'égalité entre les sexes. Chefs d'État ou cheminots, laboureurs ou pâtureurs, businesswomen comme femmes au foyer, si « tous ne meurent point, tous sont frappés ». Et, cerise sur le gâteau, le remboursement de l'acte à 100 % est assuré par la Sécurité sociale. Ne méconnaissons pas notre chance.

L'écrivaine Colette, qui fut aussi vedette de music-hall grâce à l'incroyable souplesse de son corps, aurait vu sa soixantaine (et au-delà) transformée si elle avait pu bénéficier de ce type d'intervention. Au lieu de vivre confinée dans son appartement du Palais-Royal, elle aurait continué à faire du vélo à travers champs et campagne, à rayonner et à séduire en société. Elle y aurait gagné plusieurs années d'espérance de vie ; et la littérature, sans doute plusieurs ouvrages.

La chirurgie de la cataracte est à la vue ce qu'est devenue la prothèse de hanche à la mobilité ; mais en plus rapide encore (pratiquée systématiquement en ambulatoire) et plus fréquente (750 000 interventions par an). On considère qu'un Français sur deux est concerné et retrouve, avec ce geste pratiqué sous anesthésie locale, le goût de lire et la possibilité de vivre normalement grâce à une simple adaptation des verres de ses lunettes.

Les progrès médicaux, thérapeutiques comme technologiques (scanner, IRM), ont été également considérables pendant la seconde moitié du XXe siècle et tous pourraient être cités, car, permettant des diagnostics plus fins, ils participent de la longévité et du bon état de ceux qui ont traversé cette période. Ce sont deux cancers sur trois, au lieu d'un sur deux à la fin du siècle précédent, qui sont aujourd'hui guéris, et l'espérance de vie à cinq ans, qui était donnée comme critère d'évaluation de la gravité d'un cancer, est dans une majorité de cas largement dépassée, au point que l'on classe aujourd'hui nombre de ces cancers au rang des maladies « chroniques » ou « de longue durée » (ALD), ce qui constitue une révolution.

Tout cela serait peu sans un système social non discriminatoire qui permet à chacun de bénéficier de diagnostics beaucoup plus précoces qu'autrefois et de thérapeutiques nouvelles. Pour les grincheux que les boomers comme les autres risqueraient de devenir en vieillissant, non, « ce n'était pas mieux avant ». Voilà qui nous oblige à contribuer sans rechigner, pour que ce système social et sanitaire perdure et que nous ne voyions pas les chiffres de la longévité en bonne santé fléchir.

Plus lentement mais, espérons-le, sûrement, les mesures de santé publique ont progressé et aujourd'hui tout le monde comprend que c'est dans ce domaine qu'il faut accélérer. Avouons que la France sait mieux soigner (et bien souvent guérir) que prévenir. Tabagisme et alcoolisme demeurent très pénalisants et très coûteux. D'autres formes d'addiction sont apparues ou se sont développées dans le cours de vie des boomers[1], et leur esprit libertaire a malheureusement croisé l'énorme pouvoir financier qui soutient toutes les formes d'addiction : tabac, alcool, drogues diverses, organiques ou chimiques, jeux, les uns souvent associés aux autres.

1. Voir page 226.

Des personnalités de la génération 1945-1970 ont payé de leur vie la crue rapide de ces addictions, et je ne cite leur nom que pour montrer qu'ils couvrent tous les domaines qui ont illustré la période du baby-boom : Johan Cruyff, David Bowie, Janis Joplin, George Harrison, Johnny Hallyday, Patrice Chéreau, autant de boomers intrinsèquement mêlés aux mœurs et aux modes de l'époque.

Euphorie technologique et société de consommation

Parallèle aux progrès médicaux et y contribuant, l'explosion technologique de la seconde moitié du XXe siècle a changé le monde et démultiplié ce que les boomers pensaient avoir initié. Étudiante dans les années 1963-1970, je devais passer plusieurs heures à la bibliothèque de la fac pour documenter et référencer mes premières publications, là où à la fin de mon exercice médical je me contentais de taper sur mon ordinateur quelques mots clefs pour voir apparaître presque instantanément ce que j'aurais mis deux heures à chercher. L'exemple de cette accélération et de cette facilitation de la connaissance n'est pas le moindre progrès du demi-siècle passé.

L'après-guerre a inauguré un considérable développement technologique et une période d'euphorie techno-économique qui comptent pour beaucoup dans ces « golden sixties ». Le PNB va progresser de 5 % l'an dans une convergence de facteurs qui étaient alors plus ou moins apparents et mal identifiés : la mondialisation économique, la fusion des entreprises, l'envie de confort et de divertissement, la publicité et la prise de pouvoir des grands groupes. Mais c'est bien la consommation de masse, facilitée par la carte de crédit (1960-1970) et pratiquement identifiée à elle, qui s'impose. Le livre *Les Choses*[1], de Georges Perec, sous-titré « Une histoire des années soixante », a inscrit ce tournant dans la littérature.

Une croissance sans précédent et un doublement du niveau de vie s'ensuivent. Les jeunes boomers baignent dans un nouveau modèle culturel qui aboutit, par exemple, à la multiplication par cinq de la consommation d'énergie, pétrole et électricité, que le goût du confort et le développement de l'électroménager stimulent.

En même temps que s'installent carte de crédit et pilule contraceptive, le football, le tennis et le cyclisme sont popularisés par la télévision, qui accède à la couleur (1967). Le transistor, puis la téléphonie généralisée, les progrès des adductions et abductions des fluides contribuant au chauffage des maisons et à leur assainissement, l'automobile personnelle universalisent le besoin de confort et de communication. Le monde change à la vitesse grand V, en partie du fait des boomers avides de nouveauté et, part sans doute la plus grande, de l'exponentialité de la technologie.

La télévision est une autre des grandes stars de la jeunesse du boomer précoce et de son accession à l'âge

1. Georges Perec, *Les Choses, une histoire des années soixante*, Julliard, 1965.

adulte. L'appareil a été acheté par ses parents dans les années 1965-1970, où un foyer sur dix en était équipé ; ce seront neuf foyers sur dix fin 1970, au moment où apparaîtra le téléviseur couleur.

L'accélération des techniques est telle, que l'on comprend l'inquiétude qu'elle a fait naître et que l'œuvre du philosophe Jacques Ellul dénonce[1]. Pour beaucoup, cependant, elle a surtout consisté en l'achat d'appareils toujours plus performants et plus complexes imposant des apprentissages répétés, quelquefois douloureux, et non sans conséquence dans le monde professionnel où chacun était invité à se servir de ce qu'on appelait dans les années 1970 « une bécane », ce mot ayant été ensuite jeté aux oubliettes, comme les appareils massifs auxquels le mot était appliqué.

Mais le progrès aura raison de l'euphorie et de la fin du baby-boom. La crise pétrolière, les accidents nucléaires, les premières catastrophes écologiques des années 1970 et 1980, la menace nucléaire entre l'Est et l'Ouest font prendre conscience d'une Terre limitée, sans ressources inépuisables et diminuent fortement la croissance pendant la décennie suivante. L'ordinateur personnel, rejoint en 1982 par la tablette, gagne du terrain pendant ces mêmes années et permet d'« écrire le monde », comme le dit alors la publicité d'Apple.

Ce qui a amené à une sorte de crise existentielle dans les années 2000 n'en a pas fini, et les boomers sont aujourd'hui à la fois les bénéficiaires et les victimes

1. Jacques Ellul, *La Technique ou l'Enjeu du siècle*, Armand Colin, 1954, et *Le Bluff technologique*, Fayard, coll « Pluriel », 2012.

de cette explosion technologique. Cinquante ans plus tard, alors que l'idée d'un progrès sans limites connaît une certaine maturité, il est encore difficile de prévoir vraiment ce qu'ils en feront.

Révolution numérique et accélération des transports

Mais c'est la révolution numérique qui domine, et de très loin, le tableau et détermine le changement de vie du boomer précoce de l'après-guerre. Né en même temps que lui (1946), l'ordinateur ne bouleversera son quotidien qu'à partir des années 1980-1990 avec la généralisation de l'ordinateur portable et la naissance d'Internet et des « réseaux ». À peine s'y est-il habitué qu'apparaît le smartphone, plus puissant qu'un ordinateur des années 1980, qui lui fera oublier son transistor et de plus en plus délaisser son poste de télévision. Ce « téléviseur », le boomer d'aujourd'hui peut l'emmener avec lui dans sa poche.

Cette révolution, sans doute plus décisive encore que celle de l'imprimerie, est la plus identitaire du cours de vie des boomers. Ils l'ont accompagnée à chacune de ses étapes, et aujourd'hui elle est susceptible de transformer leur vieillissement.

Dans le même temps, les transports aussi s'accélèrent. La voiture devient reine dans l'aménagement des jeunes ménages, chaque année plus urbains ou périurbains, et marque le début d'un exode rural massif.

Le week-end n'est plus un moment de repos, mais de déplacement, et les vacances s'ouvrent massivement au tourisme. Les transports aériens se démocratisent, la Caravelle met les capitales européennes à portée de curiosité. Définitivement, le boomer de presque toutes conditions accorde à la mobilité un temps beaucoup plus important que ne l'ont fait ses parents avant lui. Son « bilan carbone » ne s'appelle pas encore ainsi, mais il l'attend au tournant...

Les Trente Glorieuses

Jean Fourastié qualifiera les années 1945-1973 de « Trente Glorieuses » en rappel des trois journées glorieuses de la révolution de Juillet (27, 28 et 29 juillet 1830). En réalité, il s'agit plutôt de vingt années (1950-1970) marquées par le plein emploi, une forte croissance et un envol de la consommation, trio que certains considèrent comme la maladie originelle de la génération boomer qu'ils qualifient de « dorée ».

Et, en effet, on se souvient avec envie de la croissance annuelle moyenne de 5,9 % et de l'amélioration générale des conditions de vie dans la grande majorité des pays développés. La production industrielle connaît une croissance jamais reproduite, le plein-emploi s'installe. Entre 1960 et 1970, les salaires augmentent de 120 %. Les ménages s'équipent de tous les éléments de confort et de voitures dont ils seront particulièrement friands. Une deuxième voiture aide au travail des femmes, une troisième n'est pas rare. La cassure sera d'autant plus forte après les chocs pétroliers de 1973 et de 1979, qui ouvrent les « Trente Piteuses », expression qui n'a cependant pas eu la fortune des « Glorieuses ». Les boomers n'ont pas eu que la chance de voir la croissance progresser, ils ont connu aussi l'expérience, alors qu'ils étaient à peine à la moitié de leur vie, de la voir s'effondrer.

La seconde mi-temps de leur vie serait celle d'un deuxième apprentissage, que de grandes figures nées de leurs rangs illustreraient par leurs ouvrages : Marcel Gauchet (né en 1946) étudie l'évolution des croyances et des religions sous le titre éloquent *Le Désenchantement du monde*[1] en 1985 ; Bernard-Henri Lévy et Alain Finkielkraut publieraient presque simultanément, en 1987, *Éloge des intellectuels*[2] et *La Défaite de la pensée*[3], témoignant à la fois de la faillite des idéologies et du trouble de la culture vacillant de l'écrit vers l'image.

Logement facile et urbanisation

La question du logement est au centre des griefs des jeunes générations à l'égard de leurs aînés boomers. Elle n'est pour autant pas si simple et doit être examinée en considérant les conditions de vie d'un étudiant ou d'un jeune professionnel des années 1950-1960 : petites chambres sous-louées et sans confort, cités

1. Marcel Gauchet, *Le Désenchantement du monde : une histoire politique de la religion*, Gallimard, 1985.
2. Bernard-Henri Lévy, *Éloge des intellectuels*, Grasset, 1987.
3. Alain Finkielkraut, *La Défaite de la pensée*, Gallimard, 1987.

étudiantes rudimentaires, etc. Peu bénéficiaient d'une salle de bains ou même d'un bon chauffage, et on travaillait plus souvent à la « bibli » ou au café que dans son minuscule logement. L'accès au confort et à l'espace ne leur est venu qu'avec le début de leur vie professionnelle ou par héritage parental.

Toutefois, l'aspect le plus marquant et le plus injuste entre un boomer de 30 ans et un jeune ménage actuel est celui du prix du foncier. En réalité, surtout du prix des logements anciens. Un logement ancien évalué à 1 en 1970 atteint en l'an 2000 un prix de référence de 8,05 en France (et 8,6 à Paris). En 2008, il atteint 16,9 en France (et 19,5 à Paris)...

Concrètement, si ce jeune ménage de boomers « précoces » a pu acheter un logement ancien aisément entre l'âge de 20 et 30 ans, un peu plus difficilement ensuite, à l'âge de 60 ans (s'il est né en 1948), il possède un bien qui a multiplié par vingt sa valeur initiale.

Le jeune ménage actuel se heurte à une difficulté majeure : l'immobilier ancien et/ou au centre des grandes villes ne lui est accessible que s'il a de gros revenus ou s'il hérite (on y reviendra).

Pour les locataires, la situation dans la même période n'a pas été si favorable. Après la loi de 1948, l'indice des loyers (ou taux d'indexation) fait un rattrapage spectaculaire par rapport à la période de contrainte des prix (pendant la guerre et juste après elle). Malgré une évolution ensuite assez modérée, le loyer moyen à partir de l'année 1970 double relativement aux revenus de ménages locataires paupérisés, affectant surtout les plus jeunes. Ceci parce que les plus riches de ces locataires sont devenus propriétaires, abaissant ainsi la moyenne générale des revenus des locataires. Souvent aussi parce que les jeunes quittent le domicile familial avant d'avoir un emploi stable (souvent au cours des études) et que le chômage commence à augmenter. L'écart entre loyer et revenu s'élargit aussi du fait d'une amélioration globale du parc locatif et d'une moindre densité d'occupation par logement du fait des séparations et de l'éparpillement des familles.

Ce sont les boomers eux-mêmes qui sont pour une part responsables de cette évolution qui ne leur est pas forcément favorable s'ils ont des revenus faibles, mais qui leur devient très favorable s'ils ont eu la possibilité d'acquérir un, voire plusieurs logements.

Ce ne sont que les boomers précoces (1945-1955) qui ont souvenir de la décolonisation, de ses guerres (Indochine et Algérie), mais tous ont été bien marqués par la guerre du Vietnam (1964-1975). Ils ont aussi pleine conscience de la construction européenne qui s'est, pour nombre d'entre eux (les plus tardifs), concrétisée par les échanges Erasmus mis en place en 1987 entre onze pays européens initialement et aujourd'hui entre les vingt-huit États membres de l'Union européenne.

Ces échanges en ont fait des Européens de fait, et un quart des étudiants qui en ont bénéficié y ont trouvé leur conjoint et donné naissance à 1 million de bébés binationaux et en règle bilingues. Aujourd'hui pourtant, le souvenir des guerres du siècle passé et la facilité des échanges de tous ordres avec les pays voisins ne suffisent toujours pas à imposer l'idée européenne.

Mai 68 et son long sillage

C'est dans un contexte de raz-de-marée universitaire et de progrès en tout genre que survient, de manière aussi inattendue qu'imprévisible, une parenthèse bruyante qu'on appellera « la révolution de 68 ».

L'événement commence dès mars, à partir du Mouvement du 22 mars, composé d'éléments pluralistes assez hétérogènes (antiautoritaires, libertaires, mais aussi trotskistes et chrétiens de gauche) et de son leader Dany Cohn-Bendit, dans la volonté de réconcilier communisme et liberté. « Chaque jour était une surprise, tout était spontané », dira plus tard le journaliste Serge July, qui avait rejoint ce mouvement (il dirigera trente années durant le quotidien *Libération*).

Bientôt cette effervescence fait écho. Dans toutes les villes universitaires, les étudiants ont les yeux rivés vers Paris et entreprennent réunions et discussions.

Très nombreux sont les boomers de 20 ans qui vont s'y agglomérer, sans l'avoir pour l'immense majorité d'entre eux envisagé ni moins encore préparé par une quelconque formation politique, sinon pour certains l'empreinte de l'histoire familiale. C'est pour eux un moment de liberté et d'affirmation, et les « amphis » suscitent, souvent brillamment, l'interrogation sur le monde qui se met en place.

J'étais parmi ceux-là, dans des circonstances un peu particulières. La première est simple : je préparais l'internat de médecine qui n'ouvrait à Bordeaux que trente places quand nous avions été 1 500 à commencer les études et j'y consacrais tout mon temps. Plus particulier est le fait que mon père était préfet de région et donc en charge de l'ordre public. Jamais il ne me donna de consignes, devinant que je saurais ne pas constituer pour lui une difficulté. Je suivais donc amphis et débats, mais me gardais des barricades et escalades de grilles (dont celles de la préfecture où nous résidions)[1].

En médecine, les débats tournaient autour de la structuration des enseignements et des pratiques qui étaient les uns et les autres dominés par la figure des « grands patrons » de services hospitaliers, tous également universitaires. Certains avaient traversé la guerre dans leur poste, d'autres avaient dû s'éloigner du fait de leurs origines, mais tous étaient considérés comme des notables et en assumaient volontiers une image de respectabilité.

Je me souviens d'un débat particulièrement houleux qui évolua à l'injonction de l'un des meneurs vers le devoir de s'interroger sur le sens du soin et sur la nature même de l'état de maladie. À sa question « qu'est-ce qu'être malade ? », un hurlement répondit

1. Pierre Brana et Joëlle Dusseau, *Mai 68 à Bordeaux*, Geste éditions, 2017.

du fond de la salle : « Mais t'as donc jamais eu la grippe ! » Le rire gagna l'amphi bondé : l'esprit concret des médecins l'avait brusquement emporté sur la gravité des interrogations existentielles.

Mai 68 : une parenthèse devenue trait d'union

Les héros des barricades de Mai 68 étaient le plus souvent masculins, et ce sont surtout leurs noms que l'Histoire a retenus (Jacques Sauvageot, Alain Geismar, André Glucksmann, Romain Goupil, Jean-Marcel Bouguereau). Le cinquantenaire de l'événement a vu plusieurs d'entre eux réapparaître et en particulier celui qui est, en France comme en Allemagne, demeuré la personnalité la plus marquante de l'époque : Daniel Cohn-Bendit, que l'on appelait alors, tant du fait de sa chevelure que de sa posture politique, « Dany le Rouge ». Sa personnalité et son expulsion vers l'Allemagne le 22 mai ont sans doute été à l'origine du plus beau slogan des manifestants : « Nous sommes tous des juifs allemands ».

Les femmes pour autant n'étaient pas absentes dans les amphis ni sur les barricades ; mais elles étaient plus souvent occupées à imprimer les tracts qu'à mener les cortèges, et ce n'est jamais à elles qu'on tendait micros et caméras, ce que confirment les images de l'époque. Cet apprentissage (presque inconscient) de l'inégalité de rôle démontre que la place des femmes était loin d'être acquise et qu'il leur restait beaucoup à faire.

Je me suis convaincue que les femmes étaient moins visibles parce qu'elles continuaient, beaucoup plus que leurs homologues masculins, à préparer les examens qui approchaient, mais l'explication, j'en ai peur, ne suffit pas à combler l'écart de visibilité. Nombre d'entre nous avaient alors un pied dans la tradition, et un autre, encore trop timide, dans l'émancipation. Dans les « surprises-parties » d'avant Mai 68, ce n'était que pendant les « quarts d'heure féminins » que les jeunes filles pouvaient inviter le cavalier de leur choix pour la prochaine danse. On n'en n'était plus au « carnet de bal », car les bals eux-mêmes commençaient à appartenir à un autre monde, mais les « surboums » se tenaient encore à très longue distance des rave-parties…

Tous, je crois, nous avons conservé un souvenir positif de ce moment d'effervescence, sans doute même l'avons-nous inconsciemment magnifié auprès des plus jeunes, et finalement tous ont porté les changements de société qui s'en sont suivis au point que tous les boomers sont un peu ou beaucoup devenus des ex-soixante-huitards. La parenthèse est devenue un trait d'union.

Mai, le plus beau et le plus prometteur des mois de l'année, sera, une fois encore, bien court. L'effervescence retombera après le départ, puis le rapide retour du général de Gaulle.

Clap de fin

Le rideau tombe le 30 mai 1968 sur une manifestation de grande ampleur, spectaculaire autant par sa mise en scène, soigneusement prévue les jours précédents, que par l'affluence massive et spontanée qui la transforma en une marée humaine descendant les Champs-Élysées de la Concorde à l'Arc de triomphe comme la vague d'un tsunami. Cette marée humaine, rédemptrice pour le pouvoir, efface sur les pavés en quelques heures « les pas des étudiants désunis », pour parodier le poème de Prévert.

Ce sont entre 300 000 et 500 000 Parisiens qui ont répondu de manière presque immédiate à l'appel du général de Gaulle d'une « manifestation d'action civile ». De retour de Baden-Baden, où il avait « disparu », il annonce à 16 h 30 sur les ondes nationales la dissolution de l'Assemblée nationale et le maintien de Georges Pompidou au pouvoir. Une heure après, la foule est dans les rues de Paris et des grandes villes.

Ce grand rite expiatoire a des précédents qui permettent d'utiliser ce mot de « rite ». Le 28 août 1945, le général de Gaulle descend ainsi les Champs-Élysées pour marquer d'une image grandiose la libération de Paris. Treize ans plus tard, le 28 mai 1958, après le putsch d'Alger, ce sont des personnalités de gauche, dont Pierre Mendès France et François Mitterrand, qui défilent de la Nation à la Bastille à l'appel des comités de défense.

Il a aussi des successeurs plus lointains. Le 11 janvier 2015, après les attentats terroristes des 7 au 9 janvier, François Hollande est à l'initiative d'une marche républicaine qui réunit en première ligne cinquante personnalités de haut rang dont de nombreux chefs d'État. À la suite de cet événement, ce seront

4 millions de personnes qui, dans toute la France, se proclameront « Charlie ».

L'automne de Mai

Les dix années qui suivent Mai 68 sont des « années orphelines ». Orphelines des idéologies[1], mais aussi « passant à côté des solidarités » selon l'auteur de l'ouvrage, le journaliste Jean-Claude Guillebaud ; l'individualisme gagne du terrain et contribue à brouiller, voire à effacer, l'image du soulèvement étudiant et ouvrier de la décennie précédente. L'entrée dans l'emploi est devenue malaisée, et bientôt la seconde vague des boomers commencera à voir se rétrécir les portes de la vie professionnelle.

Parallèlement, les boomers comme la société tout entière s'ouvrent au vaste monde et en deviennent les spectateurs. La guerre du Vietnam se prolonge indéfiniment et douloureusement. En 1972, alors que les Allemands vivent les jeux Olympiques de Munich comme la consécration festive de leur réhabilitation, la prise d'otages, puis l'assassinat de onze athlètes israéliens par le groupe palestinien Septembre noir portent un coup très fort à l'engagement gauchiste en France et en Europe. La violence frappe ses premiers coups et on la verra de plus en plus rythmer, par des prises d'otages et des attentats, une actualité désormais mondialisée.

---

1. Jean-Claude Guillebaud, « Pourquoi viens-tu si tard ? », *Les Années orphelines*, Cairn.info, 1978.

En 1989, la chute du mur de Berlin mettra définitivement fin aux « lumières venues de l'Est » déjà largement ternies. Les Allemands franchissent par milliers la ligne qui séparait l'Est et l'Ouest, et font tomber, plus qu'un mur, un système géopolitique qui désignait de part et d'autre les bons et les méchants.

En 1978, l'anniversaire de Mai 68 connaît très peu d'écho. L'« effet souffle » de l'événement sera mieux ressenti dix ans plus tard, pour être autour de 1988 « célébré » par de nombreux écrits, les uns présentant l'événement comme une « insurrection démocratique » (Laurent Joffrin), les autres comme un « catalyseur de désintégration » (Luc Ferry), tous ensemble donnant finalement du corps et de la force à cette courte révolution comme à ses acteurs : le baby-boomer reprenait pied dans l'Histoire, sans savoir s'il en était le héros ou le liquidateur.

En 1987 et 1988 aussi, ce seront deux livres-sommes qui vont, sous le titre *Génération*[1], une fois de plus légitimer la génération du baby-boom dont font partie les auteurs. Les deux tomes annoncent la couleur : *Les Années de rêve*, puis pour le second *Les Années de poudre*.

En 1986, la première révolte des lycéens donne une sorte de coup de vieux à celle des étudiants de 1968. Des panneaux fleurissent : « 68, c'est vieux, 86, c'est mieux ». 68 reste un élément de référence, mais c'est pour le ringardiser. Le remplacement des générations a commencé.

1. Hervé Hamon et Patrick Rotman, *Génération*, Seuil, 1987-1988.

Vers les plus hautes sphères du pouvoir

Durant ces années, les premiers boomers commencent à accéder aux plus hautes sphères du pouvoir. Ils ne le font pas en conquérants révolutionnaires, mais comme des énarques de catalogue.

La célèbre École a été fondée en 1945 à l'initiative de Michel Debré dans l'intention d'introduire un véritable brassage social dans la haute fonction publique ; objectif qui initialement se vérifia, puisque seulement 45 % des élèves entre 1950 et 1970 avaient des parents exerçant des métiers qualifiés de « supérieurs ». Après 1970, c'est-à-dire à l'arrivée des boomers au concours, 70 % des élèves seront issus de milieux sociaux élevés et l'École sera classée comme un outil de reproduction des élites. Si les boomers n'en sont pas directement responsables, du moins auraient-ils dû réclamer à temps une évolution des voies de recrutement comme du concours de sortie. C'est aujourd'hui un énarque (Emmanuel Macron) qui s'inquiète de l'« esprit de corps » des grandes écoles, en n'en ciblant cependant qu'une.

Deux élèves, tous les deux boomers premier cru, énarques des promotions 1972 et 1974, illustrent deux parcours différents, mais parallèles. Si Alain Juppé, né en 1945, échoue aux législatives de 1978, il deviendra bientôt ce « meilleur d'entre nous », comme le qualifie Jacques Chirac qui va rapidement grimper les échelons de la mairie de Paris et fonder l'UMP. D'un an plus jeune, Laurent Fabius passe le cap de cette même élection législative et va être, après l'arrivée de la gauche au pouvoir, le plus jeune Premier ministre de l'histoire de la République. Il serait devenu presque certainement un très jeune président de la République sans le lourd caillou qui interrompit sa route : l'affaire du sang contaminé.

Leurs parcours remarquables, à la fois différents et parallèles, n'ont pas été pour autant ceux de baby-boomers révoltés et idéologues. On prête à Fabius de reconnaître avoir choisi la gauche « parce que ça irait plus vite ». Vrai ou faux, il était en tout cas déjà très éloigné des idéologies radicales, comme l'était aussi Alain Juppé, ce qui ne veut pas dire que l'un et l'autre ne croyaient en rien, mais que tous les deux croyaient surtout en eux-mêmes.

La liste des boomers énarques est exemplaire de ce point de vue : ils entrent à l'École, souvent en passant, avant ou après, par l'École normale supérieure, et ils font ensuite des carrières brillantes, de plus en plus souvent dans l'entreprise au fur et à mesure que s'écoulent les années. La très relative mixité sociale des premières années se réduit progressivement, et surtout le concours et son célèbre oral font peu de place aux femmes, ce qui témoigne là aussi d'une très insuffisante imprégnation par l'esprit de Mai 68.

Que sont les femmes devenues ?

Et les femmes dans tout ça ? On a vu que les plus brillantes accédaient aux premières places dans des grandes écoles et des métiers où elles étaient rares ou absentes. Anne Chopinet, première femme major de Polytechnique, intégrera le Corps des mines et occupera de hauts postes dans différents ministères, en particulier aux côtés d'Alain Juppé. Françoise Chandernagor, première femme major de l'ENA, intégrera le Conseil d'État, mais c'est bien davantage sa plume d'écrivaine qui fera sa renommée et lui permettra d'entrer à l'Académie française.

Dans la sphère politique et administrative, si les femmes ne font pas antichambre, elles se cognent encore la tête à ce plafond de verre que personne n'avait vu. Malgré plusieurs nominations de ministres pleins, dont la presque[1] première en date Alice Saunier-Seïté (1977) aux Universités, la France n'était pas prête à confier à une femme les plus hautes fonctions. Juppé Premier ministre se débarrassera assez vite de ses « juppettes », mais plus spectaculairement encore sera la dure expérience faite par Ségolène Royal, née en 1953 (à l'aube de la seconde vague des boomers), candidate à l'élection présidentielle de 2007. Sa féminité assumée contribuera à la faire juger comme « incompétente », voire « fantasque », et sera responsable d'un soutien très relatif de la part des « éléphants » du Parti socialiste, Laurent Fabius allant jusqu'à poser la question : « Mais qui gardera les enfants ? » Les femmes décidément avaient gravi de hautes marches, mais le plafond de verre n'était pas près de se briser.

Quelle « boomeuse » est aujourd'hui représentative de ce mot merveilleusement dynamique ? La seule qui

1. Une furtive ministre de la Santé, Germaine Poinso-Chapuis, sera nommée en 1947.

généralisation. Des fils sont capables d'un grand dévouement et plus encore des époux, et j'ai, à plusieurs reprises, rencontré des couples vivant en Ehpad où le mari a suivi sa femme atteinte de maladie d'Alzheimer pour ne pas la laisser seule face à la progression de sa maladie. L'inverse est moins fréquent, ne serait-ce que parce que la maladie touche pour deux tiers des femmes, mais tous ces couples illustrent de manière bien souvent très tendre ce qu'est une union « pour le meilleur et pour le pire ».

Le même féminisme est requis à l'examen des métiers de l'autonomie, occupés pour 90 % par des femmes, ce qui ne facilite pas l'exigence de leur revalorisation. Il est indispensable d'y installer plus de parité d'une part parce que ces métiers exigent bien souvent des efforts physiques, mais aussi parce qu'ils sont divers et que les personnes aidées sont elles-mêmes des deux sexes[1].

La dictature de l'apparence

À tous les âges de la vie, les femmes demeurent « la femme » avec toutes les obligations, voire avec les assignations qui ont pesé sur elles au cours des siècles. Au premier rang, celle de l'apparence, beaucoup plus prégnante pour « elles » que pour « eux », et ceci depuis des temps immémoriaux. C'est aujourd'hui la génération des boomeuses qui a à inventer ce que peut être

1. Voir page 286.

le « beau-vieillir ». Vaste programme alors que nous n'avons pour cela aucun modèle, aucun exemple que l'on puisse suivre, puisque la longévité actuelle n'a jamais, ni nulle part, existé.

Dans la vie quotidienne comme dans la vie professionnelle, le paraître accompagne les femmes, bien souvent comme un agrément, un jeu où l'on s'engage avec plaisir, mais beaucoup plus souvent encore comme une nécessité. La longévité la prolonge, mais aussi la complique.

Comment à la fois souscrire à cette nécessité et ne pas la subir comme un diktat ? Le modèle des femmes belles longtemps (Emmanuelle Riva, Jane Fonda, Joan Baez, Ines de La Fressange, etc.) ne doit pas être vécu comme un impératif, même s'il peut être un exemple. Dans la vie réelle, il induit en effet une considérable discrimination sociale et financière. Ces femmes sont photographiées ou filmées dans des conditions particulières, et disposent de moyens de valorisation ou de restitution de leur beauté (*via* toutes les interventions à visée esthétique) qui sont loin d'être accessibles à l'ensemble des femmes. La libération de la femme, version 60 ans et plus, ne doit surtout pas être dans l'assujettissement aux diktats des magazines ni dans l'excès d'usage de produits cosmétiques qui se proclament, non sans quelque paradoxe « anti-âge » (alors qu'il s'agit au contraire de le valoriser). Pour ma part, je crois qu'il ne faut pas chercher à paraître jeune, mais à ne pas paraître vieille, ce qui laisse toute leur part au caractère et au sourire.

Le juste équilibre entre l'être réel et le paraître n'est pas chose simple, non plus que l'interrogation : « Suis-je en état de paraître ? » Récemment, une question m'a quelque peu interpellée : « Faut-il une limite d'âge pour paraître à la télévision[1] ? » Je ne me l'étais jamais vraiment posée, mais cela m'a rappelé ma mère, que l'on avait invitée dans une émission sur l'enseignement précoce des langues, sujet où elle avait été et demeurait pionnière. Elle a réfléchi et décliné, disant seulement : « Je desservirais le sujet. » Cela m'avait beaucoup frappée, car elle ne parlait pratiquement jamais ni de son âge (près de 80 ans alors) ni de son apparence.

Quels outils pour inventer ce modèle de femme mûre et capable de séduire ? L'un, une fois encore, est de condamner et faire condamner les images et les paroles discriminantes pour l'âge[2] et au contraire de mettre en valeur les femmes émancipées de l'âge qui ne refusent ni le fait d'avoir vécu ni de vouloir vivre encore à l'identique. Françoise Giroud disait que les femmes ne « devaient jamais renoncer à aucune de leurs armes ». Les boomeuses « en vue » (l'expression parle d'elle-même) suivent brillamment le double chemin de l'être et du paraître : Christine Lagarde, Hillary Clinton, Theresa May, Ursula von der Leyen (présidente de la Commission européenne), Roselyne Bachelot, etc. J'y ajoute Nancy Pelosi, née en 1940, qui, à la tête de la Chambre des représentants, défie

1. Yann Barthes, « Quotidien », TF1, 8 mars 2019.
2. Voir page 236.

Donald Trump avec éclat. Angela Merkel est aussi un exemple, qui à l'évidence déteste l'artifice et n'y recourt pas, mais a su plus que toutes les autres s'inscrire dans la durée et le respect de tous.

J'ose une remarque qui n'a aucun caractère politique et moins encore de caractère désobligeant envers les personnes concernées. L'épouse d'Emmanuel Macron, femme de culture et de haute intelligence, avait un rôle déterminant à jouer pour l'image de la femme de plus de 60 ans et la banalisation de son appariement à un homme plus jeune. Elle ne s'en est pas emparée et a choisi d'effacer la différence d'âge plutôt que de l'assumer. Dommage, car elle aurait radicalement marqué l'évolution sociétale de ce siècle. Dans un domaine très différent, mais du même ordre, Jacques Chirac avait « raté » un message qui eût été très positif pour déstigmatiser le port d'une prothèse auditive en déniant à hauts cris qu'il en portait : en l'acceptant avec bonne humeur, voire en le montrant, il aurait fait faire un grand pas à l'acceptabilité toujours fragile de cet appareillage.

Le jury américain des Oscars du cinéma a lui aussi manqué, en 2013, un rendez-vous historique en ne sacrant pas Emmanuelle Riva « meilleure actrice » pour son rôle dans *Amour*, lui préférant une actrice américaine standard dont tout le monde a aujourd'hui oublié le nom. Oscariser une femme de 86 ans, belle, immensément talentueuse ET ambassadrice de son âge aurait eu un retentissement extraordinaire. Les hommes âgés sont mieux considérés dans le cinéma américain, comme en témoignent l'oscar remis en 2019 à Robert

Redford et les nombreux acteurs masculins toujours présents à l'écran et/ou devenus producteurs.

Les femmes ne portent pas leur âge, elles le proclament

Les femmes ont un atout, pas si superficiel que cela, pour les aider dans la conquête d'un nouveau statut : la mode, qui a accompagné chaque étape de leur émancipation. Minijupes et visage adolescent du mannequin Twiggy quand elles l'étaient elles-mêmes, tenues de cosmonaute de Courrèges, robes fleuries façon campagne anglaise de Laura Ashley, femmes en smoking ou en trench-coat de Saint Laurent quand elles ont accédé aux emplois masculins, leur vie a fait la mode beaucoup plus que l'inverse. Le port du pantalon a grandi avec elles, et il est amusant de penser que son interdiction à l'Assemblée n'a été levée, pour les députées et les ministres femmes, que très tard. C'est une déclaration pleine d'humour de Michèle Alliot-Marie qui a emporté la décision. Alors qu'elle quittait sa place pour monter à la tribune dans un pantalon de coupe parfaite, un huissier s'est approché pour lui rappeler la règle, laquelle datait du 7 novembre 1800 (loi sur le « travestissement des femmes »). La belle Michèle s'est retournée vers lui, et a répliqué assez fort pour qu'on l'entende : « Pas de problème, monsieur, voulez-vous que je l'enlève ? »

Gros succès, on s'en doute, dans les premiers rangs de ses collègues. Le port du pantalon avait acquis droit de cité au milieu d'éclats de rire. On voudrait qu'il en soit de même plus souvent dans la noble enceinte du Palais-Bourbon.

L'enjeu des boomeuses, qui n'est pas que de pure forme, est aujourd'hui de sortir définitivement les femmes des vêtements « confortables » et des couleurs ternes, quand elles ne sont pas grises ou noires, qui paraissent faits pour qu'on ne les remarque surtout pas, et de fait les boomeuses sont coquettes, fantaisistes, inventives tout en assumant leur âge avec beaucoup plus de liberté qu'autrefois. En 2013, alors que des couturiers prêtaient pour les grandes occasions des robes aux deux ministres Aurélie Filippetti et Fleur Pellerin, j'avais prétendu qu'en tant que ministre des Personnes âgées j'étais sponsorisée par Damart. Mes collègues s'étaient récriés, ce qu'entre nous j'espérais beaucoup...

Au contraire de la volonté de magnifier le « soi âgé », les mannequins dans les journaux destinés à un public senior, comme le magazine *Notre Temps*, ont systématiquement vingt à trente ans de moins que les femmes qu'il s'agit d'influencer. De même, dans les défilés de mode « couture », les mannequins sont de très jeunes femmes, choisies pour leur extrême minceur et leur visage juvénile, quand les clientes potentielles ont majoritairement trois fois leur âge.

Nous sommes d'ailleurs en retard de ce point de vue. Aux États-Unis, les mannequins âgées sont nombreuses et beaucoup sont célèbres, non pour le talent de leur chirurgien esthétique, mais pour le chic, l'élégance et l'originalité avec lesquels elles portent leur âge ; j'ai presque envie de dire qu'elles proclament leur âge, même si certaines affichent une excentricité volontairement provocatrice. N'hésitons cependant pas à les suivre.

L'enjeu d'une mode « Age Pride » est d'ailleurs de moins en moins de paraître plus jeune que l'âge de 20 ans ni de faire les couvertures de magazine, mais de faire que l'âge ne soit plus le sujet. Si les « femmes ne sont pas des hommes comme les autres[1] », elles doivent demeurer telles et se garder de cette vague mauvaise conscience d'être âgées que tant de tenues vestimentaires dénoncent.

Il faut, au contraire, porter son âge comme une distinction honorifique et le porter avec naturel et, mieux encore, avec panache, à mille lieues de ce détestable sentiment de culpabilité, qui nous guette toujours. Pomponnons-nous, prenons soin de nous, passons-y un peu plus de temps que quand on bossait intensément et inventons la mode « sexygénaires » à notre guise et en toute liberté. Osons les couleurs vives, les mélanges inédits de carreaux et d'imprimés, le blanc intégral, cheveux compris, le noir complet brutalisé par une étole rouge corrida ; tout est permis si l'on se sent bien. Lunettes de couleurs ou gros verres d'intello, turban à la Beauvoir ou feutre d'amazone donnent de l'allure à presque n'importe quoi, à condition d'y apporter du sens et de suggérer une humeur particulière. Les boomeuses, là-dessus, sont pleines de

1. Janine Mossuz-Lavau et Anne de Kervasdoué, *Les femmes ne sont pas des hommes comme les autres*, Odile Jacob, 1997.

ressources et n'hésitent pas à en jouer. Les soixante-huitardes d'hier ont inventé la liberté des femmes, transformons l'essai cinquante ans plus tard, en y ajoutant un brin de désinvolture et un maximum d'allure.

J'ai intentionnellement superposé engagement et apparence, parce que c'est notre faiblesse d'avoir presque obligatoirement à mener « avec tact et mesure » les deux parallèlement. Mais c'est aussi notre force d'en avoir, plus qu'il y a un siècle, la possibilité en raison des conditions meilleures de santé dont nous disposons. Disons aussi que l'un aide à l'autre. L'engagement est un sûr remède contre le vieillissement, l'apparence aide à l'engagement. L'« apparence » n'est d'ailleurs pas qu'une question de rides : Geneviève Laroque, à la fin de sa vie, parlant du grand âge en mêlant à ses propos des fragments de poème d'Apollinaire, « Ni temps passé. Ni les amours reviennent[1] », était radieuse et tenait tout l'auditoire sous son charme.

Les boomeuses ont pourtant leurs faiblesses, mais si peu… Je fais semblant, bien sûr, de ne leur trouver que des qualités. Reconnaissons qu'elles ont beaucoup péché, en allant trop loin dans leur volonté d'égaler les hommes. On connaît la phrase célèbre attribuée indifféremment à Marilyn Monroe ou au dessinateur Reiser : « Une femme qui veut être l'égale de l'homme manque singulièrement d'ambitions » : eh bien, si ce n'est pas totalement vrai, ce n'est pas faux. À preuve,

1. Guillaume Apollinaire, « Le Pont Mirabeau », *Alcools*, Gallimard, 1913.

le piège du tabac[1] dans lequel elles sont tombées, alors que la bienséance avait tenu leurs mères et leurs grands-mères éloignées de ce faux ami de la liberté des mœurs. Elles ont fait peu d'enfants, changé plus souvent de maris ou choisi de ne pas en avoir du tout, mais elles ne pouvaient pas à la fois franchir tous les degrés de l'enseignement supérieur, accéder massivement à l'emploi et limiter leur ambition au beau titre de « fée du logis » et à l'obtention du « prix Nestlé », lequel a d'ailleurs disparu… en 1968.

L'historien Jean-François Sirinelli, remarquable analyste de l'histoire politique contemporaine, a consacré trois volumes à notre génération. Boomer lui-même (il est né en 1949), il en a suivi les conquêtes et les faiblesses, et ce livre lui doit beaucoup. J'ose dire que les boomeuses attendent encore un travail spécifique. Ce n'est qu'un ouvrage de petite taille[2], qui leur rend justice pour leurs qualités de « défricheuses » dans tous les domaines. Elles n'avaient jusqu'alors par de nom, sinon celui de « femmes du baby-boom » : celui de « boomeuses » leur va si bien que j'espère être pardonnée de l'avoir risqué.

1. Voir page 226.
2. Michèle Larchez, *Les Femmes du baby-boom*, *op. cit.*

Liberté, identité, intimité : la seconde libération sexuelle

Nos désirs font désordre.
Slogan de Mai 68

La liberté sexuelle est un marqueur fort de la génération du baby-boom. Concernant les femmes, on peut la résumer par une formule un peu laconique : le droit au plaisir et le droit d'en parler. Pour hommes et femmes, cette liberté a été aussi marquée par le droit de proclamer son identité sexuelle. Les homosexuels masculins ont eu le chemin le plus difficile, car ils vivaient jusque-là dans la dissimulation, voire dans la discrimination, et parce qu'ils ont été frappés les plus lourdement par l'épidémie de sida.

Dans les deux cas, le mot clef est pourtant bien la « liberté ». Arrivés à l'âge, les boomers n'abdiqueront cette liberté dans aucun domaine, en particulier dans celui de la sexualité et du droit à l'intimité.

L'amour dure longtemps

Il me vient spontanément l'idée de placer l'intimité en premier. Sans doute ne suis-je pas boomeuse 100 % grand teint, car je trouve le début de ce siècle trop sexualisé et j'en arrive à craindre que les plus âgés n'en fassent les frais plus qu'ils n'en profitent. Le premier, puis le second *Rapport Kinsey*[1] ont bousculé ma génération et beaucoup élargi la connaissance des pratiques sexuelles. Le premier volume (1948) a suscité un intérêt aussi considérable que le second (1953) a provoqué de débats, voire de rejets, en particulier aux États-Unis. Je redoute qu'un troisième ne puisse apparaître, une sorte de « Silver Rapport Kinsey », assignant les âgés à une sexualité évaluée, normée et chiffrée, dans ce domaine où plus que jamais, à cet âge, il s'agit de faire ce qu'on a envie de faire, ou pas, comme on a envie de le faire et dont on n'est pas obligé de rendre compte.

Une sexologue bordelaise a écrit un livre au beau titre « l'amour longtemps[2] », car nombreux sont les hommes et un peu moins les femmes qui s'interrogent et auxquels les médecins sont légitimes de répondre, ne serait-ce que pour les rassurer. Consulter son médecin, voire un spécialiste, si on en ressent le besoin, est tout à fait souhaitable. L'âge ne doit jamais être ni un

1. Dr Alfred Kinsey, *Rapports Kinsey, Sexual Behavior in the Human Male* (1948) et *Sexual Behavior in the Human Female* (1953).
2. Dr Nadine Grafeille, *L'Amour longtemps*, Plon, 2006.

frein ni un interdit. Là comme ailleurs, la médecine a fait des progrès. Plus de cornes de rhinocéros ni de décoction de testicules de taureau pour réveiller ou concrétiser des désirs endormis. Ces croyances n'ont hélas pas disparu et demeurent la source de commerces illégaux qui, dans le cas du rhinocéros, mettent en danger la survie même de l'espèce. Tout au contraire, ginseng, gingembre, safran, céleri ou clous de girofle sous toutes les formes ne peuvent qu'être bénéfiques… à ceux qui sont disposés à leur accorder crédit. Plus sérieusement, hormones, lubrifiants, médicaments de la fonction érectile ne sont pas plus mes ennemis que tous les autres médicaments : il ne faut les prendre que si on en a besoin. Rien d'autre, c'est simple et, je l'espère, destiné à le rester.

Cette sexualisation n'est pas l'unique moteur, mais participe grandement d'une évolution des habitudes qui va jusqu'à bousculer l'état civil dans le cas des personnes « trans » ou « queer », lesquelles réclament leur droit à l'identité comme l'ont fait avant elles les personnes homosexuelles. Cette émancipation concerne aussi les « seniors » qui, à l'orée de leur troisième vie, ne s'interdisent rien : rencontres, divorce, mariage, tout est devenu possible et même légitime, alors qu'il y a une bonne cinquantaine d'années, en dehors d'un veuvage précoce, il était encore difficile de s'affranchir des convenances qui voulaient qu'au-delà de quelques décennies de vie on se « rangeait », expression désormais tombée en désuétude. Dans les années 1960, les femmes se sont émancipées, et ce sont aujourd'hui tous les âgés qui affichent leur droit à l'amour : le rechercher, qu'il soit un amour d'occasion ou qu'il s'agisse du grand amour, ne connaît plus de barrières imposées. Selon un sondage[1], 85 % des âgés de 50 à 75 ans croient encore à l'amour et seraient prêts à tomber amoureux, tandis que 57 % des 70 ans et plus estiment qu'ils peuvent encore refaire leur vie.

Le droit de le rechercher et... d'en parler

La liberté d'aimer va de pair avec la liberté d'en parler, si du moins on le souhaite. La parole des âgés, et surtout des grands âgés, concernant leur sexualité ne doit jamais être forcée pour éviter tout risque de dépréciation comme de vraie ou fausse surenchère. L'expression « vieillard lubrique » est loin derrière nous, mais le tabou du corps vieilli n'est pas totalement franchi. La Bruyère écrivait, il y a quatre siècles : « C'est une grande difformité qu'un vieillard amoureux », et remarquons qu'il s'agissait seulement d'un homme dont on devine que, dans l'esprit de l'auteur, il était amoureux d'une soubrette ou d'une « jeunesse ». Une fois encore, la « vieillarde », en ce temps, si elle n'était pas déjà morte, avait disparu du champ de vision de ses contemporains.

Ainsi le vieillard d'antan était contraint à la retenue, à la décence et à la chasteté, tandis qu'on a désormais beaucoup moins de gêne à concevoir qu'on puisse aimer jusqu'au bout. On serait curieux d'imaginer

1. Source Ipsos 2019.

la réaction d'Érasme ou de Molière aujourd'hui, en constatant que nous ne condamnons l'âge à rien d'autre qu'à la liberté.

À pas lents, nous commençons à concevoir qu'un corps très âgé puisse être beau et soit l'objet d'un élan amoureux. L'histoire de l'art nous l'a peu montré, à l'exception de la statue en pied connue sous le nom de « Voltaire nu ou le Vieillard idéal[1] ». Le corps est émacié, mais intact, et la pose majestueuse. Ce n'est qu'au cours du siècle actuel que l'art en livrera une vision hyperréaliste et douloureuse[2].

Trop souvent aujourd'hui encore, le grand âge est illustré par des images de mains décharnées parsemées de veines tortueuses et turgescentes. Cette illustration est détestable qui, sous prétexte d'une sorte de pudeur, suggère que le reste du corps est dans un pire état, véhiculant ainsi la crainte ou la honte du corps âgé.

La lente libération de la parole passe désormais bien souvent par Internet. Les âgés prêts à l'aventure font la fortune des sites de rencontres dédiés aux seniors, chaque jour plus nombreux et prometteurs. 64 % des plus de 60 ans font confiance à ces sites pour rencontrer l'âme sœur. Certains y retrouvent un amour de jeunesse, d'autres se contentent d'une aventure d'un moment. Certains, tout simplement, « se trouvent » et décident de vivre ensemble et même de se marier. Les seniors, en tout cas, tombent de plus en plus

1. *Voltaire nu ou le Vieillard idéal*, Jean-Baptiste Pigalle, 1776, musée du Louvre.
2. *Still Life (Pieta)*, Sam Jinks, 2007.

amoureux, avec la conviction que « la vie n'a aucune raison de s'arrêter avant la fin[1] », ce qui constitue la preuve d'un optimisme très réconfortant.

La possibilité d'un mariage...

Faut-il placer en premier lieu l'un ou l'autre de ces droits ? La réalité des choses conseillerait de donner la priorité au divorce, car la plupart des mariages tardifs sont des remariages. Mais le romantisme a des droits que le droit ne connaît pas...

Se marier à plus de 60 ans, et souvent beaucoup plus tard, connaît un « boom » très supérieur au mariage tout court ; son augmentation est de plus de 60 % entre 2004 et 2014. Sur les 228 000 mariages célébrés en 2017, 13 000 étaient des mariages tardifs et en grande majorité des remariages. Les boomers hésitent moins longtemps à se marier qu'ils ne l'ont fait dans leurs jeunes années, où ils ont banalisé le « mariage à l'essai ». Reconnaissons que c'est sans doute de leur part une attitude assez raisonnable.

Ce « droit au mariage » concerne aussi les mariages très tardifs. En établissement, ceux-ci constituent sans doute une des plus belles preuves que la vie continue et que l'on peut « tomber » amoureux jusqu'au dernier jour (disons : l'avant-dernier.). J'ai rencontré, à l'Ehpad de Guivaras, un couple de plus de 90 ans qui s'était formé et marié dans l'établissement. Une

1. Judith Duportail, « Les seniors tombent de plus en plus amoureux », *Le Figaro*, 29 mars 2014.

journaliste suivait ma visite et avait souhaité interroger le nouveau couple. L'époux, un taiseux breton, s'était contenté de répondre : « On s'aime bien », et l'épouse avait rougi en l'écoutant… J'en conserve un souvenir très émouvant.

Les descendants de l'un ou l'autre amoureux regardent quelquefois d'un œil suspicieux ces liens tardifs. Tous les sentiments peuvent y contribuer : la crainte de ne plus compter autant pour l'ascendant, l'impression d'une trahison vis-à-vis du conjoint antérieur, mais aussi, beaucoup plus trivialement, la question de l'héritage. J'ai vécu à l'hôpital une situation assez comparable, dans laquelle un de mes malades gravement atteints avait manifesté l'intention d'épouser, « au cas où », la personne avec laquelle il vivait. La famille était très réticente et m'interrogeait sur la validité de cette décision du fait de l'état du patient. Position inconfortable s'il en est, mais la conscience du patient n'était pas altérée et ne me paraissait pas l'interdire ; et je ne fis rien d'autre que cette réponse. Beaucoup de médecins, en maison de retraite ou pas, ont affronté ce type de situation et ont sans doute fait le même type de réponse. Moins sérieusement, j'ose dire que le mariage entre grands âgés reste cependant la seule circonstance où je ne conseille pas une longue réflexion avant de franchir le pas.

Il existe heureusement des mariages particulièrement durables, qui prennent en défaut les qualificatifs traditionnels. Deux Japonais viennent de fêter leur 80ᵉ anniversaire et ont ainsi défié les records des noces de diamant (soixante ans) et de platine (soixante-dix ans). Des propositions de dénominations ont été avancées pour les quatre fois vingt ans, qui demeurent ouvertes à toutes les imaginations.

... et d'un divorce

Pour autant, les noces d'or, de platine ou de diamant ne se multiplient pas dans nos contrées au prorata de l'allongement de l'espérance de vie. L'explosion des divorces tardifs, au-delà de trente-cinq ans de mariage, vient en clairsemer les rangs. Dans les quarante ans précédant 2016, les divorces après 60 ans ont été multipliés par neuf et par deux entre 2004 et 2014, passant de 15 000 à 24 000 et continuant de progresser. Les boomers confirment ainsi la ligne qu'ils ont commencé à tracer dans la première moitié de leur vie d'adulte. Décidément, ils sont épris de mobilité.

Concernant les divorces tardifs, c'est bien la longévité qui apparaît comme la principale coupable : pouvoir compter en moyenne sur une espérance de vie de trente ans quand on en a 60 incite à l'idée de « refaire sa vie ». Le catalyseur est bien souvent la période de la retraite ou le départ des enfants : le face-à-face qui s'ensuit amenant au constat que l'on n'a plus grand-chose en commun.

Dans 60 % des cas, ce sont les femmes qui demandent le divorce, bien souvent parce qu'elles sont exaspérées de l'inaction de leur conjoint. À quelques nuances près, les Japonais appellent cela « le syndrome du conjoint divorcé » : en permanence à la maison, alors qu'il était au-dehors la grande majorité de son temps, le mari japonais empiète sur un territoire qui était exclusivement celui de sa femme. On comprendra qu'aucune statistique ne permette, au Japon comme en Europe, de mesurer le rôle éventuel de la révélation d'une troisième personne.

Les femmes, et spécialement les boomeuses, ont conquis la possibilité de divorcer par leur accès beaucoup plus important que précédemment à l'emploi et à des métiers leur assurant une certaine aisance et l'indépendance financières. Les études[1] montrent, cependant, qu'elles y trouvent après 65 ans une baisse de niveau de vie de 30 %, supérieure à celle des femmes divorçant plus tôt. Plus pénalisées financièrement que les hommes, les femmes « rebondissent » pourtant mieux que leurs ex-conjoints. Elles s'installent et s'organisent plus facilement dans leur vie différente, et subissent un moindre traumatisme psychologique, particulièrement dans les cas où elles sont à l'origine de la demande de divorce.

Les enfants, et surtout les petits-enfants, restent bien souvent sans surprise ni reproche quand ils apprennent que leurs grands-parents se séparent, ce qui témoigne sans doute de leur complicité avec eux. Là est peut-être le fondement d'une célèbre « blagounette » : au notaire qui s'étonne de la décision très tardive de se séparer de deux quasi-centenaires, la future divorcée répond timidement : « On a attendu que les enfants soient morts… »

1. Cédric Lacour, « Les séparations : un choc financier, surtout pour les femmes », Insee Analyses Nouvelle-Aquitaine, n° 64, 2018.

Dans la même veine, je dis souvent en matière de demi-plaisanterie que le pape est le seul chef d'État qui a pris véritablement en compte la transition démographique. Se marier pour cinquante, soixante ou soixante-dix ans, c'est long, et beaucoup ont tendance à le faire en deux ou trois fois. Le pape a bien compris que, s'il n'assouplissait pas quelque peu les relations de l'Église avec les divorcés, les rangs des fidèles risquaient fort de s'en trouver bientôt clairsemés.

Le droit à l'identité

Une fois encore, dans le droit fil de la première révolution des boomers qui fut à la fois émancipation et combat pour l'identité sexuelle, s'ouvre pour eux un nouveau défi : celui du vieillissement des personnes LGBT, lequel est à la fois universel et remarquablement spécifique.

Universel, bien sûr, car le vieillissement l'est et que nul n'y échappe ; mais aussi spécifique, parce que l'histoire des personnes LGBT qui arrivent aujourd'hui dans le champ de l'âge ne ressemble à aucune et qu'elle a construit une communauté qui va plus loin que l'addition d'histoires individuelles.

Les lois abolissant, puis punissant les discriminations envers l'homosexualité sont relativement récentes et celle établissant et affirmant l'égalité des droits, avec la légalisation du mariage des personnes de même sexe, date seulement de 2013. Les personnes LGBT qui sont aujourd'hui âgées ont traversé toutes ces étapes. Ce sont elles aussi qui ont bousculé les mentalités en choisissant de faire leur « coming out », ce qui n'allait pas sans courage à la fois au sein des familles et dans la société.

Plus que l'ensemble des boomers, ces personnes ont chevillée au corps une culture d'affirmation et de lutte qui leur rend aujourd'hui intolérable d'avoir à nouveau, dans le dernier tiers de leur vie, à s'expliquer ou à se justifier, voire à affronter la discrimination.

Cette « discrimination ressentie » tient à de multiples éléments, tous ayant un impact sur leur avancée en âge. Nombreux sont ceux qui ont vécu seuls et/ou qui sont seuls au moment de la retraite et au-delà. La moyenne de leurs pensions (et l'absence de pension de reconversion, s'ils ont partagé la vie d'un compagnon) est plus faible que celle de la population générale. Bien souvent, ils n'ont que peu ou pas du tout de soutien familial et rarement de descendance (90 % sont des « non-parents[1]). En maison de retraite ou en Ehpad, ils éprouvent beaucoup de difficultés et souvent de souffrances à défendre leur identité et leur droit à l'intimité et à la sexualité. S'ajoutent à cela les possibles inquiétudes ou maladresses du personnel s'ils sont séropositifs.

Plus particulière encore, bien souvent douloureuse, est en effet leur histoire médicale. Rappelons que ce n'est qu'en 1982 que l'homosexualité a été définitivement exclue des maladies mentales, et la transidentité en 2010. Mais, surtout, cette génération vieillissante a traversé l'épidémie de sida, avec ce que cela suppose

1. Voir page 263.

de contraintes, de drames et quelquefois de mises à l'écart de la société. Ceux qui ont évité la contamination ont perdu des proches, tous ont vécu dans la crainte, voire la perspective, d'une mort précoce, ne pensant pas arriver à la retraite et, de ce fait, ne la préparant pas et n'anticipant pas comment ils vivraient à ce moment. Un colloque que nous avions organisé dans le 3e arrondissement de Paris en 2013 a constitué une révélation de ce point de vue : chaque témoignage démontrait le chemin douloureux que beaucoup avaient parcouru, et bien souvent révélait un vrai désarroi devant la vieillesse et la solitude.

Ces craintes, ces particularités de vie sont parfaitement explicitées dans le rapport que j'ai demandé à trois associations nationales sur ce sujet si important, si mal appréhendé jusqu'alors : le vieillissement des personnes LGBT[1]. Ce rapport définit vingt-trois propositions pour la prise en compte de leurs difficultés spécifiques. Je n'en évoquerai ici qu'une seule : la possibilité d'Ehpad et de logements regroupés « gay friendly ».

La Charte des droits et des libertés de la personne accueillie en établissement médico-social interdit toute discrimination et, *de facto*, ne permet pas d'établissements strictement communautaires, mais rien n'empêche que l'un ou l'autre manifeste des spécificités ou des compétences particulières, comme c'est, par

1. Rapport sur le vieillissement des personnes lesbiennes, gays, bisexuelles et transsexuelles (LGBT) et des personnes vivant avec le VIH (PVVIH), 27 novembre 2013.

exemple, le cas à Lille pour les personnes sourdes de naissance, mais aussi de nombreux établissements à caractère confessionnel.

Vieillir avec qui l'on a vécu

Du très grand nombre d'établissements où je me suis rendue, j'ai retiré, en plus de tout ce qu'ils m'ont appris, une conviction : ce n'est pas à 85 ans (âge moyen d'entrée en Ehpad) ou au-delà que l'on change ou que l'on pourrait s'adapter à un entourage radicalement différent de celui où on vivait. On a, au contraire, grand profit à se trouver dans un milieu compréhensif, familier et où l'on retrouve des éléments de vie qui rassurent et qui permettent d'échapper à l'oubli.

Telle pensionnaire, allemande, mais qui n'avait depuis des lustres pas entendu un mot de cette langue, a répondu dans un Ehpad des Landes quelques mots à ceux que je lui avais adressés dans mon médiocre allemand. Lors d'une autre visite à Paris, les résidents, pour la plupart rescapés du ghetto de Varsovie, retrouvaient de la couleur et de la vie en chantant des chants ashkénazes ou polonais. Ce moment d'émotion vécu dans l'Ehpad de la Fondation Casip-Cojasor a fini de me convaincre qu'il n'y avait, en ce domaine, pour l'accueil du grand âge, qu'UNE règle : que les résidents se sentent chez eux et se sentent libres d'être eux-mêmes, à la condition bien sûr qu'il n'y ait pas d'exclusion de principe d'autres résidents.

Les domaines sont éminemment différents, mais le principe de liberté, l'absence de tout risque d'être « communautarisé » alors que l'on a atteint le grand âge m'ont incitée à porter l'idée qu'un Ehpad pouvait parfaitement témoigner d'une compétence particulière pour l'accompagnement et les soins de personnes LGBT ayant le souhait de se retrouver entre personnes amies et bienveillantes, et entourées d'un personnel informé.

Ceci n'est toujours pas une évidence, mais je décèle une prise de conscience et une réflexion autour de ce sujet de la particularité et de la liberté. Je m'en réjouis, et j'en porte et porterai l'idée. Cela fait partie des devoirs de notre génération d'émanciper l'âge et le grand âge d'un maximum de contraintes.

Le raisonnement est proche pour les habitats regroupés à visée affinitaire dont les habitants sont cependant globalement moins âgés et plus autonomes que dans les Ehpad. Plusieurs initiatives se font jour[1], dont actuellement le projet d'une « Maison de la diversité ». Dans le même esprit, la communauté chinoise, qui compte 100 000 retraités loin de tous parler le français, projette de créer une résidence dédiée. Des béguinages catholiques, à vocation œcuménique, ont été construits à Quimper et à Perpignan, avec le dénominateur commun d'une vie spirituelle active. Les différences entre ces exemples peuvent être grandes : l'âge impose plus encore de les respecter toutes.

1. Rainbold Society, Association Grey Pride.

Le vieillissement des femmes homosexuelles a connu une expérience très marquante sous l'influence de Thérèse Clerc, militante féministe née en 1927 et morte en 2016, et fondatrice entre autres réalisations de la maison des Babayagas qui a fait couler beaucoup d'encre avant de voir le jour en 2013, et réunissant alors une vingtaine de colocataires âgées de 60 à 80 ans à Montreuil. Thérèse Clerc la qualifiait d'« utopie réaliste » et considérait la vieillesse comme « le très bel âge où s'épanouit la sexualité et où les femmes ne sont plus dans la procréation ni les hommes dans leur sacro-sainte virilité[1] ». Elle parvint, à force d'effort, à concrétiser ce projet conçu vingt ans plus tôt d'habitat regroupé « autogéré, citoyen, écologique, féministe, laïque et solidaire », toutes ces qualités étant inscrites dans une charte de vie.

Il y a un demi-siècle entre l'immense mouvement d'émancipation des sexes et celui qui déferle aujourd'hui : l'émancipation des âges et le droit de vieillir dans le respect bienveillant de son identité qu'elle soit sexuelle, mémorielle, culturelle ou spirituelle. À tous d'y être attentifs et ouverts.

1. Jacky Durand, « Flamme forte », *Libération*, 11 juin 2018.

III

Des boomers de plein exercice

L'important, c'est de participer

Malgré sa respectable longévité, le baron de Coubertin ne se doutait pas qu'il édictait non seulement le credo de l'olympisme, mais une des clefs de la longévité. Pour la petite histoire, la phrase revient à un évêque qui voulait relativiser l'appétence des sportifs pour les coupes et les titres. Tout au contraire, le baron ajoutait : « Mais l'essentiel, c'est de gagner », ce qui est plus discutable concernant notre propos.

L'activité évolue avec l'âge et l'état de santé, mais, sous tous ses aspects, sa fonction essentielle demeure la socialisation, le partage et l'échange. S'y ajoute pour nous la volonté d'apporter sa pierre et, plus secrètement, de porter remède à l'inquiétude qui survient par bouffées tout au long de l'avancée en âge. Beaucoup plus que n'importe quel médicament l'activité est notre meilleure alliée.

Une société participative et sans barrière d'âge

Lors du Berliner Demografie Forum de 2019 qui réunissait des représentants de la plupart des pays européens, le Pr Volker Deville[1] a demandé aux participants de définir en une phrase l'enjeu des recherches démographiques et, partant, celui des travaux de ce colloque. Ma réponse a été : « Bâtir une société participative où les barrières d'âge ne compteraient plus. »

Question essentielle que je n'avais jusqu'alors formulée que d'une manière négative en constatant à la fois l'importance numérique des retraités, leur espérance de vie prolongée et l'absence totale de réflexion politique sur leur place et leur rôle dans la société. Une fois encore, les « deux fois 30 » (30 ans d'espérance de vie, 30 % de la population) auraient dû depuis longtemps interpeller à la fois le monde politique et les intellectuels. Il n'en était rien au début de mon mandat ministériel, en 2013, et il n'en est toujours pas assez. J'ai tenté de convaincre les responsables d'alors de l'enjeu crucial que représentait le fait de donner une nouvelle identité aux 15 millions de personnes que l'on enfermait dans la fonction de « retraités ». Il est clair que je n'y suis pas parvenue.

François Hollande avait alors la juste obsession de « faire que les jeunes vivent mieux à la fin qu'au

1. Volker Deville, *Global Demography – Generations and Their Future*, Allianz SE, 2012.

début de son mandat » et m'a un jour clouée sur place alors que je l'invitais à s'adresser à ces retraités, en me répondant à peu près textuellement : « C'est en améliorant la situation des jeunes que l'on répond le mieux aux attentes des grands-parents. » C'est en partie vrai, mais l'autre partie, celle qui n'est pas comblée, l'est encore davantage : les grands-parents ne sont plus aujourd'hui seulement des grands-parents. Ils ont devant eux trente années d'espérance de vie et ils veulent être considérés pour eux-mêmes. J'ai fait force notes en ce sens, souligné leur nombre et leur bon état, évoqué leur poids lors des scrutins, seul Jean-Marc Ayrault a porté une oreille attentive à ce changement de paradigme. Nous avons dans son gouvernement fait une partie du chemin (la loi ASV[1], la silver économie et la lutte contre l'isolement), mais il restait encore beaucoup pour couvrir tout le champ de la transition démographique.

Soyons honnêtes : il n'est pas contestable que les difficultés des jeunes sont plus grandes que celles que notre génération a connues. L'accès au logement en particulier est pour eux, lors de leurs études comme quand ils s'installent, un handicap majeur. Le marché de l'emploi rétrécit et évolue à grande vitesse. L'éducation n'a pas fait les progrès que l'on voudrait : s'ils se massent à l'entrée des universités, comme filles et garçons nous l'avons fait, ils n'en sortent pas globalement mieux armés ni plus utilement diplômés. Les diplômes ne garantissent plus l'emploi, même si

1. Loi relative à l'adaptation de la société au vieillissement.

l'absence de tout diplôme est un moyen sûr de ne pas avoir d'emploi. C'est pourquoi, à notre volonté d'une société participative pour les âgés AUSSI, il faut ajouter un principe : que ce ne soit pas au détriment des générations antérieures, et si possible au contraire.

J'ai l'innocence de penser que c'est possible en plus d'être nécessaire. Cela suppose que l'on puisse, et que l'on désire, rester actif et contribuer aux équilibres sociaux, à l'économie et à la formation des plus jeunes. C'est aujourd'hui à notre génération qu'il incombe de le démontrer et de bousculer les responsables politiques pour qu'ils concrétisent ce que nous expérimentons. L'objectif est de « construire la société de la longévité[1] », ou plus justement une société où la longévité soit positivement vécue par ceux qui en bénéficient et apparaisse désirable à tous les autres.

Les réponses sont autant de pierres isolées pour construire cette société participative où les âgés voient leur rôle reconnu, leur vie simplifiée et ne soient pas vécus comme un poids, mais enrôlés au bénéfice de tous, y compris d'eux-mêmes.

Des clefs nouvelles pour la participation

Concevoir et concrétiser par un jeu de possibles ce rôle et cette place est un objectif majeur de cet ouvrage, et je reviens à la question initialement posée dans ce chapitre : pour quelle société et pour quelle

---

1. Nicolas Menet, *Construire la société de la longévité – Une opportunité pour le futur ?*, Eyrolles, 2019.

finalité, sinon un meilleur équilibre social ? À vrai dire, je m'interroge plus souvent que je me réponds et c'est aussi un appel à la réflexion de génération. Notre responsabilité est particulière non seulement du fait de notre nombre, mais de nos antécédents et des chances qui ont été et qui demeurent les nôtres (progrès médicaux et sociaux, état de santé, accès massif à l'éducation supérieure). Curieusement, les jeunes sont souvent prompts à suggérer des réponses (Guérin, Petit, Guedj, Zimmer, etc.) qui s'ajoutent au travail de fond de nombre de mes congénères (Lorenzi, Guillemard, de Hennezel, Billé, Forette, Guinchard, etc.).

Ce n'est évidemment pas qu'un défi individuel où chacun aurait à décider comment il pourrait et voudrait être utile. Cela déjà existe : tel devient bénévole dans une association, tel autre s'engage dans la politique locale, tel autre crée un club de randonnée ou s'investit auprès des populations défavorisées. Tout cela est « juste et bon », mais manque une vision globale à la mesure de la transition démographique ; là encore, les politiques ont leur part, mais tardent à la prendre.

C'est bien une société participative qu'il faut concevoir, et pas seulement « inclusive » comme on le dit aujourd'hui pour le grand âge. Le mot « inclusion » a déjà beaucoup servi : les migrants, les personnes en situation de handicap et bien d'autres sont invités à « faire société », mais de façon telle que la société paraît toujours tenir le rôle majeur. Les âgés, d'une manière générale, n'ont pas à être « inclus » : ils étaient là avant les autres.

D'ores et déjà, j'ai la conviction que, dans ce monde inflammable, les âgés constituent la colonne vertébrale de notre cohésion sociale. Mais quand on en vient à parler concrètement de la participation active de ce « tiers-pays » qui est le nôtre, trop souvent on se voit opposer l'une ou l'autre de ces réponses : « N'ont-ils pas assez profité ? » ou son envers : « Place aux jeunes ! »

Alors essayons : d'abord en faisant l'inventaire de ce qui existe déjà, mais qui ne marche qu'à moitié, ce qui est embryonnaire et devrait être développé, ce qu'il reste à mettre en place ou à inventer.

Cumul emploi-retraite

Le cumul emploi-retraite qui concerne les personnes bénéficiant d'une retraite du régime général de la Sécurité sociale (14,2 millions de personnes) n'est pas une nouveauté (1983), mais malgré des ajustements opportuns dans divers secteurs (artistique, social, sanitaire, etc.), il reste insuffisamment opérant. En 2017, 400 000 personnes en bénéficiaient, quasi également réparties entre hommes (52 %) et femmes (48 %). Ce nombre a augmenté de près de 50 % depuis la création du dispositif en 2009, mais ne témoigne toujours pas d'un enthousiasme réel, sans doute, au moins partiellement, du fait d'une insuffisante information et du caractère continu de l'activité. La perspective d'une retraite à points interroge d'ailleurs l'avenir de ce dispositif.

Poursuite d'exercice ou nouvelle activité

Le terme « retraités » est employé à tort pour tous ceux qui, ayant dépassé l'âge légal de départ, poursuivent leur activité. Ils sont très nombreux dans les professions libérales : par exemple, le médecin le plus âgé encore en exercice a 92 ans, mais c'est le cas aussi d'avocats, de notaires, de commerçants et d'artisans… Et bien d'autres.

Dans le secteur public, de nombreux emplois ont obtenu des « rallonges », par exemple, les praticiens hospitaliers qui, depuis la loi santé de 2017, peuvent poursuivre leur activité jusqu'à 72 ans au lieu de 65 ans. Par ailleurs, on dénombre 90 000 créateurs d'entreprise de plus de 60 ans.

Plus nouveau, aux États-Unis, en Allemagne, plus modestement en France, des entreprises de plus en plus nombreuses recrutent des « seniors » de manière ponctuelle pour des projets précis où leur expérience et leur expertise sont bienvenues. Cela apporte à l'entreprise une certaine forme de flexibilité, et aux salariés en charge du projet un gain d'expérience ; l'intervenant y trouve à la fois un complément de revenu, la reconnaissance de ses acquis et une rupture positive dans le continuum de sa vie de retraité. Que n'est-ce plus fréquent et possible aussi dans le secteur public ? Voilà, en effet, une piste majeure et pour laquelle nous sommes trop timides.

La création d'entreprise n'est pas non plus fermée aux plus de 60 ans et on dénombre aujourd'hui

90 000 de ces créateurs, dont certains deviennent les sous-traitants des grands groupes où ils travaillaient. Ce fut particulièrement le cas quand ces derniers réduisaient les effectifs en proposant des retraites anticipées ; cela concerne aujourd'hui des retraités qui « veulent monter leur boîte ».

Globalement, entre 2006 et 2018, le taux d'emploi des 65-74 ans a été multiplié par cinq (1 % à 5 % de la classe d'âge). Deux groupes s'individualisent et démontrent, une fois encore, le fossé social persistant entre hommes et femmes : femmes non diplômées à faibles revenus travaillant à temps partiel (29 %), hommes urbains surdiplômés (30 %).

Bénévolat

Le bénévolat est le secteur qui vient en premier à l'esprit quand on évoque l'activité des seniors : ils représentent 35 % des 13,5 millions de bénévoles associatifs de tous âges, mais l'on note de manière quelque peu paradoxale une tendance à la baisse qui connaît plusieurs explications. Les jeunes retraités, issus de la seconde vague du baby-boom, ne sont pas, ou ne se vivent pas, comme des enfants des Trente Glorieuses et ils considèrent qu'ils ont moins à rendre à la société que leurs proches aînés.

Pour tous, la concurrence entre solidarité externe et solidarité familiale (enfants, petits-enfants et, de plus en plus, ascendants) retient, particulièrement les femmes de s'engager dans un bénévolat consommateur d'une part importante de temps ; enfin, la nécessité pour de nombreux retraités de compléter d'une manière ou d'une autre leurs revenus par un travail, fût-il partiel freine désormais aussi l'engagement bénévole, ceci d'autant plus que cet engagement ne met pas suffisamment à profit leurs compétences antérieures.

Tout cela ne diminue en rien le rôle majeur des « 60 et plus » dans ce type d'engagement. Combien de fois, après un événement dramatique ou la mise au jour de situations douloureuses, n'ai-je entendu cette phrase très modeste, mais très profonde : « Je ne pouvais rester sans rien faire. » Faim dans le monde, épidémies, catastrophes naturelles, misère, réfugiés, etc., tant de causes appellent à la double générosité de son temps et de son aide financière.

L'engagement dans l'une ou l'autre association s'assortit souvent de l'adhésion à ses valeurs ou à la reconnaissance de son utilité au travers des décennies. Des fondations s'ajoutent au grand nombre de belles associations qui sollicitent notre intérêt. La « reconnaissance d'utilité publique », qui ne peut être accordée que par le Premier ministre après un long parcours administratif, est un gage de solidité, de bonne gestion et de qualité de la cause qui bénéficie de ce titre et qui ouvre aux donateurs la possibilité d'un dégrèvement fiscal.

Volontariats publics et réserves professionnelles

Les actions publiques bénévoles (ou seulement défrayées) sont mal identifiées et, de fait, la France est peu active pour en instituer comme pour solliciter des participants potentiels, alors qu'il s'agit sous diverses formes d'une authentique piste de participation positive.

Ministre, j'ai bataillé pour faire breveter un « volontariat civique senior ». Volontariat plutôt que « service » afin de l'individualiser par un point capital : l'absence de rétribution, telle qu'elle existe pour le service civique destiné aux jeunes. Le terme « volontariat », très employé dans les pays du Nord, implique le choix d'actions d'intérêt public susceptibles d'être en correspondance avec les antécédents professionnels et d'élargir ainsi l'intérêt de la personne bénévole pour sa nouvelle tâche.

Mon objectif était aussi de manifester une reconnaissance officielle à ceux qui s'engageaient ou qui s'étaient engagés durablement dans des missions d'intérêt public. Avec l'accord du ministre de l'Intérieur d'alors (Manuel Valls), la reconnaissance de ce volontariat aurait eu lieu en préfecture avec remise d'un document officiel et d'un insigne (qui, dans des circonstances comme la visite aux personnes âgées, peut s'avérer très rassurante). Ce volontariat civique figurait dans la loi ASV, mais en a été retiré après mon départ du ministère.

Parmi les réticences rencontrées pour ce volontariat civique, les acteurs du bénévolat eux-mêmes qui craignaient que cela ne crée deux niveaux de bénévoles. Sous des aspects peu différents, volontariat ou vrai service civique senior, ce type d'engagement connaît cependant beaucoup de supporters[1] sans qu'il soit jusqu'alors parvenu à une décision gouvernementale. N'abandonnons pas la cause...

Je suis obligée d'aller à l'étranger pour donner un exemple d'action qui s'apparente à ce volontariat civique. J'ai découvert au Québec un dispositif particulièrement chaleureux et utile : les « maisons des grands-parents ». À proximité ou à l'intérieur de quartiers populaires, où beaucoup d'enfants ne parlent pas à la maison la langue du pays, des locaux sont mis à la disposition de volontaires âgés pour recevoir, à la sortie de l'école, les enfants qui le souhaitent. Leur accueil se fait d'abord par le partage d'un goûter, préparé par les volontaires (souvent, dans ce pays froid, un chocolat chaud accompagné de tartines ou de gâteaux), puis chacun va avec son « grand-parent » dans un petit bureau examiner ses devoirs et choisir parmi eux celui où il souhaite ou a besoin d'être accompagné. Tout cela en français (nous sommes au Québec), mais des maisons semblables existent en territoire anglophone.

Les « Volontaires » sont bien souvent d'anciens enseignants, mais pas seulement : l'un ou l'autre peut

1. Serge Guérin et Erick Lajarge, « Pour un service civique senior en appui aux politiques éducatives », *Libération*, 23 août 2017.

être compétent dans l'une ou l'autre matière par sa profession antérieure. Bref, tout cela est très joyeux et surtout très utile pour des enfants qui ont à rattraper le handicap de ne pas apprendre dans la langue qu'ils parlent à la maison et souvent aussi celui des difficultés sociales. Les fêtes et les anniversaires n'y sont pas oubliés, non plus que la préparation des fêtes calendaires où chacun découpe, colle et colorie selon son inspiration. Aux États-Unis, en direction du même type de public, des retraités volontaires animent des séances de tutorat deux fois par semaine dans les écoles pour faciliter et activer l'apprentissage de l'anglais. Là aussi, que n'ouvrons-nous pas plus grand nos portes à l'imagination et aux compétences des âgés ? Là aussi, pourquoi ce dispositif et ce type de lieu ne peuvent-ils pas être systématiquement prévus au voisinage des quartiers à forte population en difficulté ?

De même, nous devrions avoir des réserves professionnelles, enseignantes, sociales, juridiques, etc., pour des périodes de « coups de grisou » où l'on manque de personnels et où les besoins explosent. On voit malheureusement les difficultés que la création de ces corps retraités, bénévoles ou seulement défrayés peut rencontrer. L'inclusion occasionnelle, à l'école, de chefs d'entreprise ou de toute autre personnalité du monde « civil » n'a pas eu le succès qu'on en espérait. Beaucoup d'enseignants y sont rétifs, le ministère de l'Éducation impose des filtres (par exemple, s'assurer qu'il n'y a pas de risque de pédophilie de la part des intervenants, alors qu'il s'agit de cours ponctuels en présence des enseignants) qui n'encouragent pas les bonnes volontés.

Le mandat de députée m'a heureusement exemptée de ces filtres, et mon expérience d'une intervention chaque mois dans des établissements d'enseignement de tous niveaux a été sans exception positive. Les cours rassemblant, suivant le niveau et le sujet, une à trois classes, m'ont montré qu'une personnalité inhabituelle capte facilement l'attention, suscite des questions et des échanges et, je l'espère, facilite la mémorisation. J'ai pu parler ainsi de république, de citoyenneté, de diversité, de santé, d'addictions, de manière informelle sans recevoir en échange ni chahut ni ennui.

Il existe, bien évidemment, déjà des réserves militaires et sanitaires. Mais même dans ce dernier domaine, l'innovation est bienvenue. Le Dr Xavier Emmanuelli, fondateur du Samu social, a ainsi créé une réserve (Les Transmetteurs), que je qualifierais de « sociosanitaire », pour décharger les services d'urgence. Quand un appel au secours paraît répondre à une angoisse ou à un état de fragilité sociale, un médecin retraité prend l'appel et se rend sur place pour juger de la situation. Ainsi, pas de risque de passer à côté d'un danger purement médical, mais au contraire la possibilité d'apaiser et de réconforter avec toute la compréhension et la confiance que l'on accorde à un médecin.

Un autre exemple, celui-ci négatif dans son résultat, illustre toute la difficulté de réaliser concrètement cette société participative, qui serait pourtant au bénéfice de tous. En 2013, alors ministre des Personnes âgées, j'étais allée voir le ministre de l'Éducation Vincent Peillon, embourbé dans la question des rythmes scolaires, pour lui proposer qu'ils soient au moins partiellement pris en charge par des retraités. J'étais alors régulièrement contactée par courrier ou à l'occasion de mes déplacements par nombre de ces retraités qui m'interpellaient : « Dites à votre collègue ministre (de l'Éducation) que nous sommes prêts à contribuer à la prise en charge des enfants. » Beaucoup proposaient des thèmes ou des activités innovantes auxquels leurs antécédents professionnels donnaient une légitimité.

Le rythme des interventions, une demi-journée par semaine, convenait parfaitement à la fois à leur désir d'activité et d'utilité, tout autant qu'à leurs compétences. Beaucoup précisaient qu'ils ne demanderaient pas de salaire et s'engageraient de manière régulière. Les plus « demandants » étaient des enseignants à la retraite, des acteurs de clubs sportifs, voire d'anciens profs d'éducation civique, des médecins qui voulaient voir entrer les comportements de santé dans les savoirs fondamentaux de l'école, etc. Bref, sans le savoir, ils ébauchaient la possibilité de « réserves enseignantes ». Le ministre y avait sans doute pensé : il accueillit fort aimablement ma proposition, mais en ferma la possibilité en peu de mots : « Les syndicats ne l'accepteront jamais. » J'ai toujours grand mal à comprendre. Sans doute fallait-il organiser, formaliser, canaliser, expliquer, sélectionner, finaliser, prévoir des financements et des dégrèvements de frais… Mais pourquoi barrer d'un trait ce qui aurait été profitable à tous ? La semaine de quatre jours et demi, majoritairement considérée comme bénéfique aux enfants, apporte une prise en charge différente, souvent par des intervenants pleins d'idées, et constituerait un engagement valorisant pour ces intervenants. Bref, ce fut « niet », et aujourd'hui la semaine de quatre jours et demi est devenue très minoritaire.

Cette idée d'une réserve enseignante ou d'un « service civique senior » d'appui aux enseignants est de nos jours largement reprise[1], mais semble une fois de plus balayée sous le tapis. Peut-être, comme les boomers l'ont fait bien souvent, parviendrons-nous à bousculer le statu quo.

L'engagement politique

Je n'en dirai pas de mal, bien au contraire : la politique a été ma deuxième carrière et j'ai eu le privilège de la commencer « pour de vrai », c'est-à-dire à plein temps, à 60 ans. Un exemple de formation permanente que je ne saurais trop conseiller : apprendre un nouveau métier à cet âge est une formidable chance.

Élue députée en 2007 presque par surprise (c'était une élection « ingagnable » comme on en confie souvent aux femmes), j'ai découvert un monde nouveau, du moins dans son vécu de l'intérieur. L'Assemblée nationale est riche de personnalités dont on a à apprendre quelque chose, « collègues députés » tels qu'alors Laurent Fabius, François Hollande, etc.,

1. Serge Guérin et Erick Lajarge, « Pour un service civique senior en appui aux politiques éducatives », art. cité.

administrateurs, mais aussi tous ceux que l'on convie pour les auditionner. Ceux-là ont été nombreux à m'enthousiasmer par la connaissance profonde de ce qu'ils exposaient (Jacques Delors, Philippe Séguin, Bertrand Fragonard, etc.) et par les idées qu'ils soulevaient. Débattre dans un petit cénacle, presque d'égal à égal, avec des personnalités aussi éminentes est un privilège merveilleux. Le fonctionnement de l'Assemblée est complexe et oblige à entrer dans les arcanes du cheminement des lois, des règles et des règlements, bref, j'apprenais tous les jours quelque chose et, chance encore plus grande, j'ai pu faire passer des amendements qui faisaient avancer des sujets auxquels je tenais. Le deuxième mandat fut tout différent puisque inauguré par ma nomination de ministre, elle-même tout aussi surprenante que mon élection en 2007.

J'ajoute, un peu « hors micro », qu'un début tardif en politique est une très bonne clef pour avoir une expérience de la « vraie vie », ce que n'ont pas les très jeunes qui s'y engagent trop tôt pour avoir fait leurs classes dans un « vrai » métier. Devenir député à 30 ans est à la fois une très bonne chose (il faut des jeunes aussi), mais constitue un vrai risque : celui de s'éloigner des réalités et d'avoir grande difficulté à se réinsérer ensuite dans une carrière professionnelle toute différente. Beaucoup y développent une certaine dépendance à la politique, y compris financière, laquelle n'est pas favorable à un exercice libre de ses mandats[1].

1. Michèle Delaunay, « "Le tunnel", ou comment faire carrière sans avoir mis un pied dans la vraie vie, *HuffPost*, 15 septembre 2014.

L'inscription dans la vie locale

L'engagement, ou la réactivation d'un engagement politique, que la vie professionnelle ne laissait pas le temps de concrétiser est le plus souvent très positif. C'est le cas bien sûr quel que soit le parti choisi, et cela concerne de la même manière l'engagement syndical. Cet engagement a, aujourd'hui aussi, une nécessité particulière à quelque niveau qu'on le réalise : participer à construire cette société de la longévité où les boomers doivent avoir, du fait de leur nombre et de leur vécu, un rôle déterminant. S'ils ne s'invitent pas à cette construction, qu'il s'agisse de la mobilité dans les villes ou de précarité énergétique (deux sujets qui concernent principalement les âgés), il n'est pas sûr que l'on requière spontanément leur avis.

Les sociologues mettent en évidence l'utilité en post-retraite d'un ancrage dans la vie locale[1]. Si ce n'est pas la seule voie, la politique est de ce point de vue très fructueuse parce qu'elle permet, outre le militantisme et la participation à des réunions, d'entrer dans la réalité concrète, le plus souvent en rejoignant une liste municipale ou l'on pourra, en cas d'élection, mettre à profit ses compétences et son vécu quotidien ou en développer de nouvelles pour la gestion de sa commune. Les chiffres confirment cet intérêt : l'âge moyen des maires de France est de 60 ans pour

1. Mélissa Petit, *Les retraités : cette richesse pour la France*, L'Harmattan, 2016.

les villes petites et moyennes, et de 48 ans pour les grandes ; 30 % des élus départementaux et régionaux et 45 % des élus métropolitains ont plus de 60 ans.

La disponibilité, l'expérience et l'investissement des retraités constituent un fort soutien à l'action municipale. Si cet investissement peut, le plus souvent, être assimilé à un bénévolat (la rétribution des conseillers et même des adjoints étant le plus souvent modeste, voire inexistante), son utilité et la satisfaction qu'il peut donner (voir se réaliser des projets, répondre au quotidien aux besoins de ses administrés, élargir son champ social et apprendre chaque jour) payent largement en retour du temps consacré ; un bémol, pourtant, si l'on siège dans l'opposition et en face d'une majorité peu ouverte aux propositions… Malgré l'intérêt du mandat de maire, on note cependant aujourd'hui un déclin de la volonté de beaucoup d'entre eux à se représenter, du fait du poids des normes et des règlements, mais aussi de l'exigence croissante d'administrés grincheux.

Militer dans un parti peut être très stimulant, en amenant à se confronter à des avis différents (et donc à affermir ses points de vue) et aussi à élaborer et à diffuser des programmes d'action, tout cela a généralement lieu dans une atmosphère fraternelle. L'engagement apporte le sentiment réconfortant d'appartenir à un « groupe » et d'y partager des valeurs et des objectifs, mais dissensions et rivalités peuvent venir gâcher l'atmosphère et amener de la tension. Ceci n'est pas si rare et entre sans aucun doute en jeu dans le fait que beaucoup de Français se détournent des partis, sinon de la politique.

Mais, promis juré, si l'on croit en quelque chose, cela vaut le coup d'essayer. J'ai été à ce propos très frappée, dans les premières semaines des « gilets jaunes », d'entendre des participants exprimer le sentiment d'avoir « trouvé une famille » sur les ronds-points et pu ainsi parler de ce qu'ils avaient tu jusqu'alors.

Les instances syndicales apportent des satisfactions semblables. Défendre ses convictions et les branches professionnelles où l'on s'est investi peut être à la fois très exigeant et très gratifiant. De plus, les syndicats de retraités mesurent aujourd'hui leur importance, qui n'est plus seulement de défendre le pouvoir d'achat des retraités, mais de peser pour que les décisions politiques facilitent et prennent en compte leur participation, et améliorent les conditions d'accueil et d'accompagnement du grand âge.

De même, les organisations philosophiques, les « clubs », qui couvrent des champs très divers (Rotary, Lions, etc.), sont l'occasion de rencontres, d'échanges et d'actions constructives. La diversité des choix est presque sans limites, mais, dans tous les cas et sous toutes les formes, l'engagement est d'autant plus positif qu'il correspond à des objectifs et à des valeurs que l'on veut défendre.

Pour une représentation proportionnelle

En France, 33 % de la population adulte a plus de 60 ans[1]. Pourtant, dans de nombreuses instances, ce groupe n'est pas représenté en proportion et, au contraire, on se réjouit bien souvent de constater ou de provoquer un « rajeunissement » d'instances diverses, ce qui est dans bien des cas une pure manifestation d'âgisme et de discrimination, alors qu'au contraire c'est l'avis de tous qu'il convient de solliciter.

On a beaucoup gaussé le Sénat pour son éventail d'âges en le comparant à une « maison de retraite », alors que la moyenne d'âge y est de 61 ans, ce qui n'est pas tout à fait étonnant au regard de l'origine même de cette assemblée, le Senatus romain, lequel avait vocation à réunir des seniors empreints de sagesse ; pas étonnant non plus, puisque les personnalités choisies par les partis politiques et par leurs « grands élus » sont supposées avoir donné des preuves de leur maturité politique. Rappelons que l'âge moyen des inscrits sur les listes électorales est de 50 ans et que les plus de 60 ans représentent plus d'un tiers de la population adulte. S'il n'est évidemment pas souhaitable d'établir des quotas d'âge, il est indispensable que ce groupe soit présent en proportion dans toutes les instances (conseils d'administration, groupes d'opinions ou d'experts, etc.). Or, ces diverses instances ont plus souvent davantage le souci de « rajeunir » leur assemblée que de

1. Source Insee 2019.

la mettre en correspondance avec la composition de la société. Alain Juppé a, par exemple, dû abandonner la présidence d'un établissement public d'aménagement du territoire de Bordeaux (Euratlantique) parce qu'il avait 70 ans, alors même que rien ne le contraignait à quitter son mandat de maire de cette même ville. Ces barrières n'ont aujourd'hui plus de sens.

Le non-cumul dans le temps et la limitation du nombre de mandats sont de beaucoup préférables aux limites d'âge, bien souvent instaurées pour que nul ne puisse indéfiniment s'accrocher à son poste. Ce même résultat peut être obtenu sans avoir de caractère discriminant en suivant, par exemple, les propositions qui ont été faites concernant les mandats électoraux : définition des durées de mandat et limitation à trois mandats successifs identiques. Cette solution empêchera de barrer l'accès à des personnes d'expérience, susceptibles d'apporter des idées inexplorées.

Retourner sur les bancs de la fac ou les découvrir

Les « universités du temps libre », « du troisième âge » ou « des cheveux gris » n'ont pas attendu les boomers pour connaître un grand succès autant auprès des étudiants que de ceux qui les instruisent, lesquels sont souvent aussi des retraités. Elles réunissent désormais de plus en plus d'étudiantes qui n'ont pas eu le temps, dans leur vie d'« héroïnes », de découvrir des domaines qu'elles ont toujours eu envie d'explorer. Sachons aussi qu'il n'y a pas de limite d'âge pour s'inscrire à l'université, soit comme n'importe quel étudiant (mais il faut alors remplir les conditions de diplômes), soit comme « auditeur libre », ce qui dispense des travaux dirigés, mais ne permet pas de passer les concours… Non plus que de bénéficier d'une carte d'étudiant et des avantages afférents, dont le plus important est justement d'être un étudiant septuagénaire ou au-delà.

Dans un champ différent, nombreux aussi sont ceux qui s'investissent dans des activités sportives et suivent des cours afin de progresser. Ceci est en tous points favorable, l'activité physique constituant un facteur majeur de longévité. Débuter dans une activité sportive n'est cependant recommandable qu'à condition de n'avoir pas abandonné tout exercice depuis longtemps, d'avancer progressivement et… en connaissance de son capital osseux. Le record de Robert Marchand, en janvier 2014 (27 kilomètres en une heure), à l'âge de 102 ans, suppose un certain nombre d'années à bicyclette, mais je n'ai pu le proposer pour la médaille du Mérite, car il relevait du ministère de la Jeunesse et des Sports et non du ministère des Personnes âgées. Il l'aurait d'ailleurs refusé, ne voulant être décoré que par une main communiste. En 2018, il a fêté ses 107 ans sur son vélo…

Les propositions novatrices : économie collaborative et plates-formes

Entre bénévolat et activité régulière, des activités ponctuelles peuvent amener beaucoup de satisfaction en valorisant les compétences et en rendant service. Elles peuvent s'intégrer dans ce qu'on appelle désormais « l'économie collaborative ».

Je n'apporterai qu'un exemple, déjà cité plus haut, bien que ceux-ci soient nombreux. La jeune start-up Les Talents d'Alphonse qui propose de recourir aux services d'un retraité pour des leçons ou des « coups de main », dans des matières aussi diverses que l'enseignement d'une langue étrangère, la cuisine, la menuiserie, etc. Les « Alphonse » proposent leurs talents sur un site, en précisant la zone où ils peuvent se déplacer, les abonnés au site décrivent leurs besoins ou leurs souhaits, et la plate-forme les met en lien. « Alphonse », quelle que soit l'activité, sera rémunéré 15 euros de l'heure.

Dans la pratique, l'expérience s'avère très positive et développe des liens entre des personnes qui, sans cela, ne se seraient pas rencontrées, mais reconnaissons que cette mutualisation existe bien souvent de manière informelle et non rémunérée. Dans une résidence autonomie de Bordeaux, un monsieur assez âgé, que tout le monde appelait par son prénom, était particulièrement populaire : il se mettait à disposition de tous les autres pour les petites réparations, et concevait une grande fierté de ses succès.

Sous les pavés, la plage… et tant d'autres choses

Il y a deux ou trois décennies, on parlait volontiers de « violon d'Ingres » pour qualifier des activités extraprofessionnelles que l'on avait plaisir à exercer régulièrement. Il n'y a pas de données pour savoir si ces violons-là se sont perdus, mais reconnaissons que cette expression, charmante et se référant au peintre du même nom, a été presque totalement remplacée par « hobby », que l'on entend lui aussi de moins en moins.

Est-ce à dire que les boomers ont remplacé au moins en partie ces hobbies par la consommation des médias, l'usage du numérique et une plus grande mobilité ? Je serais assez portée à le croire et la réponse peut influer sur la conception de chacun de sa retraite. Ce temps peut être, en effet, l'occasion de développer une activité manuelle, artistique ou culturelle que l'on n'a réalisée que ponctuellement au cours de sa vie.

L'apprentissage d'une activité totalement nouvelle est un choix exigeant et qu'il faut autant que possible pratiquer, au moins partiellement, en groupe. Quand il s'agit de musique ou de peinture, cet apprentissage peut avoir lieu dans le conservatoire de la ville et apporter le bonheur de découvrir qu'on a quelque chose de particulier dans les mains qui permet de donner corps à l'imagination, à la fantaisie, au rêve, à la souffrance, au deuil, etc. Le talent ne vieillit pas, qu'il ait été exercé ou pas, et nul ne doit s'interdire de chercher à le découvrir ou à le retrouver. Plus aisé est cependant de se remettre à une activité qu'on n'a pas eu le temps de perfectionner et qui peut s'épanouir tardivement. Grands musiciens, peintres, écrivains ont souvent produit leurs plus belles œuvres à un âge avancé. Giuseppe Tomasi di Lampedusa n'avait pas publié une ligne avant de donner à la littérature *Le Guépard*. Son livre a été refusé par les éditeurs quelques mois avant sa mort, et il n'est paru qu'à titre posthume pour connaître ensuite une gloire internationale.

Culturelles ou « savantes », des passions inattendues ou inassouvies s'invitent quelquefois sans crier gare, et ne laissent plus le choix du mode de participation au monde. Un ami chirurgien s'est découvert horticulteur et collectionne, entre autres merveilles, toutes les espèces d'*Hydrangeas* (plus communément, « hortensias ») ; un autre – Bordeaux oblige – est devenu grand connaisseur et collectionneur de vins, court les dégustations et tient une rubrique sur le sujet dans une feuille locale. Une autre amie, enseignante à l'école d'infirmière, s'est consacrée à la photographie et au portrait, expose et publie des ouvrages ; une autre encore, chercheuse à la fac, s'est passionnée pour les mascarons nombreux sur les façades bordelaises, et en est devenue l'historienne et la traductrice, exprimant tout ce qu'ils représentent d'histoire du XVIIIe siècle. Une autre encore s'est perfectionnée en cuisine et, en plus de régaler son entourage, a publié un livre de cuisine…

Ce que je crois, c'est qu'il ne faut pas tout vouloir, ce qui demande une longue réflexion. Choisir où l'on veut aller et décider si l'on veut aller quelque part n'est pas si facile. Une autre de mes relations professait que le plus dur était de choisir ce à quoi on devait renoncer, non par incompétence ou par paresse, mais pour concentrer son temps sur ce que l'on jugeait primordial. Elle racontait, par exemple, qu'elle avait « UNE ambition en cuisine ». Elle laissait un instant de silence et, voyant le regard curieux de ses interlocuteurs, elle avouait « en faire le moins possible » ; bref, c'est quand on sait faire plus ou moins à peu près tout qu'il faut surtout s'en garder, et préférer aller un peu plus loin dans un domaine.

La seconde condition de succès est de se fixer un objectif, petit ou grand. Il est générateur d'énergie, entretient la conscience de progresser et évite la vacuité que pourrait avoir une entreprise erratique ou occasionnelle. Atteindre cet objectif est un booster considérable pour la suite. Nous avons vécu dans l'émulation, y compris vis-à-vis de nous-mêmes, y renoncer nous laisserait affaiblis.

Incitation et mise en valeur

Alors, que manque-t-il à ce besoin et ce désir de participation ? Deux choses essentielles et plus que jamais indispensables à l'âge de la retraite : l'incitation et la mise en valeur. L'arrivée des boomers à cet âge génère de multiples propositions et publicités.

Mais force est de constater que les propositions sont davantage de souscrire un contrat obsèques, ou de faire des séjours dans des lieux de cure thermale, que d'inclure ces retraités dynamiques dans un grand projet et de leur ouvrir des portes nouvelles en suscitant leur talent, leurs compétences et leur désir d'utilité et de reconnaissance.

Dans cette optique de valorisation, le ministre Patrick Kanner a créé en 2015, sous l'impulsion de François Hollande, la Fondation La France s'engage, et la Mobilisation nationale contre l'isolement des âgées, Monalisa[1], que j'ai lancée en 2014, a reçu deux ans plus tard l'un des premiers prix de l'Engagement. À l'issue de son quinquennat, François Hollande est devenu président de cette fondation, qu'il considère comme « son monument », c'est-à-dire comme la trace qu'il veut laisser. Voilà un pas très intéressant et qui concerne les retraités comme les autres, mais sans sollicitation particulière à leur endroit et sans non plus l'engagement total de l'ancien président, dont l'appétit pour la chose politique n'a pas décru.

Les pouvoirs publics, frileux, on l'a vu, sur l'idée d'un service civique senior, demeurent assez silencieux concernant la force extraordinaire que représentent ces quelques millions de boomers, remarquablement instruits par rapport aux générations précédentes, en meilleur état et peu désireux de « battre en retraite ». Aucune campagne nationale, aucune perspective attrayante, aucune figure

1. www.monalisa.asso.fr

de proue n'est proposée à leur envie de faire et à leurs compétences multiples.

En 1968, deux slogans, pas les plus connus, affichaient sur les murs le programme de ce qu'il nous reste à faire. Le premier, « Être libre, c'est participer », n'est que trop limpide. Le second va plus loin, « Céder un peu, c'est capituler beaucoup ». Cinquante après, il est plus que jamais d'actualité.

Génération pivot

La « participation » des boomers est aussi, et plus que jamais, familiale, car ils se trouvent en position centrale au sein de quatre générations (exceptionnellement cinq), ce qui est une vraie nouveauté dans l'histoire de l'humanité. Cette responsabilité inédite se complique encore, car ces générations sont souvent géographiquement dispersées et civilement hétérogènes, du fait de mariages successifs ou d'adoptions. Sacré job, pour une génération que l'on menaçait des foudres de sa descendance…

En finir avec la guerre des générations

À l'orée de l'an 2000, à la suite du sociologue Louis Chauvel[1], une pluie d'articles de journaux et d'ouvrages a menacé de la survenue prochaine d'une « guerre des générations » ; l'un même affichait un titre éloquent « La Lutte des âges[2] ». Pour être plus parlant encore,

1. Louis Chauvel, *Le Destin des générations. Structure sociale et cohortes en France au XXe siècle*, PUF, 1998.
2. Hakim El Karoui, *La Lutte des âges*, Flammarion, 2010.

le mot « âges » se superposait au mot « classes », affirmant ainsi le caractère à la fois politique et historique de cette nouvelle lutte ; en sous-titre « Comment les retraités ont pris le pouvoir »...

Ce brillant pamphlet au ton revendicatif visait particulièrement les boomers, cette « génération dorée » qui squattait les lieux de pouvoir, avait un patrimoine de beaucoup supérieur aux jeunes, toutes choses relativement logiques et qui ont concerné toutes les générations : il est assez rare d'être à 20 ans à la fois propriétaire et au faîte de sa carrière. Le sort qui était promis à ce boomer « installé » était pourtant assez radical : il devait vendre son appartement de cinquante mètres carrés, se contenter d'un plus petit, faire hériter prématurément ses enfants et (je l'ajoute) vivre dans le repentir d'être né dans une période injustement favorable. La polémique a trouvé une certaine fin de non-recevoir sous l'effet d'une analyse sociologique plus équilibrée[1], mais aussi d'études financières et d'événements très concrets qui ont amené à remiser l'idée de la lutte entre vieux riches et jeunes pauvres.

La prise de conscience des boomers n'avait d'ailleurs pas besoin de cette atmosphère accusatrice : leur nombre à l'orée de leur vieillissement massif constitue une interrogation pour chacun d'eux et suscite, parmi les premiers arrivés, une volonté de « rendre ce qu'ils ont reçu de la société » (le plein-emploi, la croissance, etc.) ; ceci s'est traduit de leur part par

1. Serge Guérin et Pierre-Henri Tavoillot, *La guerre des générations aura-t-elle lieu ?*, *op. cit.*

de nombreuses initiatives solidaires, un rebond du bénévolat associatif et une acceptation somme toute relativement aisée du recul de l'âge de départ à la retraite de 60 à 62 ans.

Il reste cependant plus à faire et, dans la situation économique tendue de la plupart des pays européens, les boomers sont pleinement conscients d'avoir à démontrer leur capacité de participer positivement à la société et à l'avenir des générations futures. Mieux, ils en sont pour la plupart désireux.

Retraités populaires, fracture territoriale et boomers tardifs

La « guerre des âges » a perdu aujourd'hui beaucoup de son actualité avec la « découverte » que tous les boomers n'étaient pas riches et puissants, et ne votaient pas pour le grand capital. Un article de Serge Guérin et Christophe Guilluy[1] en 2012 avait déjà alerté sur le million de retraités, femmes surtout, vivant sous le seuil de pauvreté, et mis en garde contre leur déclassement social et territorial. Sept ans après, la prise de parole des retraités à faibles ou très faibles revenus à la suite de la désindexation des retraites, puis de la crise des « gilets jaunes » en ont apporté la confirmation. Ces retraités expriment la double souffrance de se trouver économiquement et géographiquement exclus. Ils vivent douloureusement

1. « Les retraités pauvres, un vote-clé », *Le Monde*, 27 août 2012.

le contrecoup de leur choix de s'être installés loin des cœurs de ville ou de métropole, et d'avoir souvent eu besoin de deux voitures pour rejoindre un travail qui ne leur assurait pas de revenus suffisants.

L'erreur est pourtant surtout d'avoir concentré toujours davantage les emplois dans les grandes villes au détriment des petites et moyennes, ainsi que d'avoir favorisé les transports rapides entre ces grandes villes et vers la capitale au détriment des lignes secondaires et, aujourd'hui encore, de réduire les services publics périphériques. Ces boomers-là sont, pour une part non négligeable d'entre eux, très éloignés du visage enviable que l'on donne à cette génération, laquelle n'a cependant pas su entraîner l'ensemble de ses congénères dans l'aisance, le progrès et l'équité territoriale. La mondialisation toujours croissante n'y a pas aidé.

Ajoutons que les plus jeunes des boomers, s'ils sont nés dans la période de pleine croissance, ont affronté dans les dernières décennies du siècle dernier une situation de l'emploi qui s'altérait. Aujourd'hui quinquagénaires, ils font partie des seniors que l'on a « invités » à une retraite anticipée, et/ou qui ont grand mal à se faire embaucher en cas de chômage.

Des transferts intergénérationnels intenses et nécessaires

Sociologiquement et au contraire de toute vision accusatrice, l'évidence s'est fait jour que les boomers constituaient désormais une « génération pivot » (terme qui a heureusement remplacé celui de génération « sandwich ») entre les enfants qu'il faut aider, du fait de leur accès à l'emploi difficile et souvent tardif, et les parents âgés qu'il faut soutenir, en particulier quand ils atteignent le grand âge[1]. Les « transferts intergénérationnels » de tous ordres n'ont en fait jamais été si intenses ni si nécessaires.

Dans la génération de mes parents (ils auraient aujourd'hui entre 100 et 110 ans), les seuls transferts financiers intergénérationnels ou presque se faisaient en direction des vieux parents, entre ceux qui « commençaient à s'en sortir » et ceux qui n'avaient ni « biens » ni pensions de retraite et qui très souvent peinaient encore au travail à la ferme ou à l'usine.

Le scénario est aujourd'hui complètement renversé, à l'exception du soutien au très grand âge, qui n'est au demeurant pas léger et que la longévité rend plus fréquent qu'autrefois. L'« aide alimentaire », inscrite dans la loi, que l'on doit à ses parents concerne surtout les pensions modestes qui ne suffisent pas à payer l'hébergement en Ehpad et que les enfants doivent implémenter. Avouons que cette aide financière aux ascendants est vécue aujourd'hui de manière beaucoup moins naturelle que l'aide alimentaire aux enfants, que personne n'aurait l'idée de discuter. Elle est bien souvent mal comprise et mal vécue du fait, sans doute, de la

1. Voir page 279.

fréquente altération cognitive des parents, imposant des solutions d'accueil coûteuses, de même que le recours sur succession en cas d'aide sociale[1].

Tout au contraire, l'aide aux descendants, jeunes en cours d'études ou en recherche d'emploi, jeunes ménages et *a fortiori* familles monoparentales, est à la fois généreuse et fréquente de la part des parents et grands-parents. Pour l'année 2011, elle représentait 36 milliards d'euros. 80 % des jeunes en bénéficient, et les plus de 50 ans sont majoritairement à l'origine des transferts.

Des grands-parents très présents

Ces transferts intergénérationnels sont loin d'être seulement financiers. Les grands-parents ont aujourd'hui un rôle plus important encore qu'ils ne l'avaient dans les familles pyramidales d'autrefois. Le travail des femmes, les séparations et les recompositions des familles ainsi que leur fréquente dispersion géographique donnent aux grands-parents un rôle bien souvent essentiel de repère stable et d'accueil. Ce rôle est bien mal reconnu par la loi, Code civil y compris, où n'existent que les « ascendants » ; et encore, le seul droit qui leur est concédé est indirect, puisque lié aux petits-enfants, qui « ont le droit de maintenir des liens avec leurs ascendants[2] ». En Angleterre est aujourd'hui discutée une possibilité

1. Voir page 307.
2. Article 371-4 du Code civil.

de congés pour la garde d'enfants, pouvant être partagée entre parents et grands-parents. Mais ce mot si simple et si éloquent de « grand-parent » tarde trop à apparaître dans les textes officiels malgré des défenseurs éloquents, à la tête desquels le pédopsychiatre Marcel Rufo[1].

Le premier transfert est donc celui du temps consacré, selon des modalités diverses liées aux contraintes des parents et à la situation géographique des deux[2]. Accueil une fois par semaine, chaque soir, pendant les congés scolaires, toutes les formes existent qui témoignent de la pérennité et de la nécessité du lien intergénérationnel. Il n'est pas rare que ces grands-parents s'installent au moment de leur retraite à proximité de leurs petits-enfants, pour pouvoir alléger la charge de parents suroccupés ou leur venir en aide dans des situations de conflit familial.

Beaucoup de ces petits-enfants témoignent, d'ailleurs, qu'ils se sentent mieux chez leurs grands-parents que chez leurs parents et y trouvent une atmosphère de liberté et de complicité qu'ils n'ont pas chez eux. Les boomers, quant à eux, considèrent souvent qu'ils sont meilleurs grands-parents que parents, parce qu'ils sont plus disponibles.

Il est significatif de trouver aujourd'hui, dans des faire-part de décès, que le défunt était un « papy blagueur » ou autre qualificatif témoignant à la fois de

1. *Grands-parents, à vous de jouer*, Le Livre de Poche, 2014.

2. Marie Guyot et Béatrice Copper-Royer, *Grands-parents, le maillon fort*, Albin Michel, 2018.

son rôle et du lien détendu qu'il avait avec ses petits-enfants. Le président Emmanuel Macron est loin d'être le seul à témoigner de la forte empreinte de sa grand-mère sur sa formation.

Ces grands-parents ont eux-mêmes des parents, et les boomers sont les premiers à se situer au centre de quatre générations vivantes ; et ce continuum est plus que jamais présent dans la vie de chacune. S'il a changé d'aspect à l'égard des plus anciens, c'est grâce au fait que ceux-ci bénéficient d'une pension de retraite et ont arrêté de travailler à un âge leur permettant de ne pas compromettre gravement leur intégrité physique ; le besoin d'aide ne survient alors que plus tard, en cas de perte importante d'autonomie[1].

Ainsi, la guerre des générations n'aura pas lieu et nous ne vivrons pas plus les scènes effrayantes décrites par Dino Buzzati dans la nouvelle « Chasseurs de vieux[2] », non plus que nous ne verrons, comme dans les tableaux de Goya ou de Jérôme Bosch, les vieux avaler les petits enfants pour assouvir leur appétit. D'un point de vue très concret, cette « guerre » n'était aucunement crédible : toutes les générations ont besoin les unes des autres, et ceci plus que jamais. Plus fondamentalement, elle ne l'est pas davantage : nous sommes faits, de génération en génération, de la même pâte, et si des crises surviennent dans les familles, elles ne sont pas la traduction d'un renie-

1. Voir page 279.
2. Dino Buzzati, « Chasseurs de vieux », *Le K*, Robert Laffont, 1967.

ment, mais bien plutôt d'une blessure. Les vieux ont été jeunes et les jeunes savent qu'ils deviendront vieux. Plus encore, ces jeunes sont bien souvent très marqués par le cursus de leurs parents. Les jeunes boomeuses ont été particulièrement marquées par leurs mères[1], qui avaient bien souvent déjà fait les premiers pas vers l'obtention d'un métier et d'une certaine indépendance, même si tout, loin de là, n'était pas réglé.

Je m'autorise à une illustration personnelle de cette empreinte. Ma mère, devenue femme de préfet en 1946, n'avait pas le droit d'exercer de profession dans le département de son mari, ce qui lui fit faire des centaines de kilomètres en train. La règle était pourtant encore de peu d'objet : elle était la seule « préfète » à exercer un métier, qu'elle n'imaginait pas abandonner… Aujourd'hui, les préfètes ne sont plus des épouses de préfet, mais appartiennent à part entière au corps préfectoral et, comme les préfets, vivent de poste en poste des mariages longue distance. Je raconte cette histoire comme une sorte d'aveu : je ne suis pas une authentique boomeuse. Mon père et ma mère, à pleine égalité, ont fait avant moi à peu près tout ce que les boomers ont obtenu : instruction, études supérieures, engagement politique et Résistance, postes de responsabilité, travail au-delà de la retraite…

1. Céline Clément et Catherine Bonvalet, « Un baby-boom, des baby-boomeuses ? Trajectoires professionnelles des femmes françaises issues du baby-boom », *Enfances, Familles, Générations*, 2016.

Je n'ai eu qu'à continuer.

Générations solidaires

L'évolution somme toute assez rapide de la notion de « guerre des générations » à celle de « génération pivot » est la démonstration que, malgré des vécus différents, des chances différentes dues à des événements différents (les guerres, les conquêtes sociales, les changements politiques, les épidémies, quelquefois les catastrophes naturelles), les générations ne sont jamais si bien que quand elles sont solidaires et qu'elles se côtoient régulièrement. C'est vrai aujourd'hui, ce sera vrai demain.

Les âgés ont besoin d'être utiles et de se voir reconnus pour leur rôle auprès des plus jeunes, et ils y trouvent le réconfort que rien ne finit tout à fait. Les jeunes recherchent un lien différent avec leurs grands-parents, plus détendu et souvent plus inattendu qu'avec leurs parents directs, ne serait-ce que parce qu'il se produit fréquemment dans des moments de liberté. Certains trouvent aussi, auprès de leurs grands-parents et arrière-grands-parents, le réconfort d'une histoire familiale et des « racines » géographiques ou culturelles. Là où les générations actives sont occupées par leur vie professionnelle, l'encadrement par les générations ascendantes ou descendantes constitue pour toutes un bien privé, presque un refuge et quelquefois un rempart.

Le vécu de notre génération lui a donné des armes pour ce rôle de pivot, ne serait-ce, pour une part importante d'entre nous, des moyens financiers plus favorables que ceux d'avant, et probablement que ceux d'après. Ils aident beaucoup plus aujourd'hui leurs enfants et petits-enfants qu'ils n'ont été aidés eux-mêmes quand ils étaient jeunes. Les conditions de vie des boomers quand ils étaient étudiants n'étaient, sauf exception, pas plus favorables que celles des étudiants d'aujourd'hui. Pour les « oiseaux du matin », qui ont constitué la première vague, leurs besoins étaient bien moindres, et leurs conditions de vie assez spartiates. Je suis allée pour la première fois dans un restaurant qui n'était pas le restaurant universitaire qu'une fois interne des hôpitaux.

Ce qui est vrai au sein des familles est vrai dans la société. On est terrorisé à l'idée de *gated communities* (« résidences fermées ») qui, en plus de la ségrégation sociale, se verraient enfermées dans un créneau d'âge. Les Ehpad d'aujourd'hui prennent conscience de l'exigence d'ouvrir leurs établissements aux écoles, aux associations, aux événements locaux pour échapper à l'enfermement moral et à l'enfermement tout court. Dans toutes les assemblées, les groupes de travail, le mélange entre les âges est de la même importance que la mixité, et espérons que notre prochaine conquête sera de l'imposer comme a été imposée la présence de femmes dans les conseils d'administration.

La solidarité intergénérationnelle, qui est concrétisée par le service civique et un grand nombre d'associations de soutien aux plus jeunes ou aux plus vieux, est enrichissante pour tous, même si je voudrais voir se développer davantage le rôle des plus âgés, comme l'exemple en a été donné avec les « maisons des grands-parents ».

Beaucoup d'entreprises demeurent aussi possibles sans limitation d'âge. Ainsi, vous pouvez préférer vous inscrire à l'Université plutôt qu'à l'université du temps libre si vous souhaitez plonger réellement dans l'atmosphère universitaire. Cela demande un peu plus d'énergie et d'assiduité, et aussi d'être en possession des diplômes qui le permettent. Mais un « vieux bac » du cru 1960 fait tout aussi bien l'affaire qu'un très récent, et l'obtention d'une carte d'étudiant à 70 ans est somme toute assez roborative.

Vivre chez soi

Neuf boomers sur dix déclarent vouloir « vieillir chez soi ». Je préfère tout simplement « vivre chez soi » et j'ajoute par prudence : le plus longtemps possible. C'est dire en peu de mots que le logement et le choix de son territoire constituent à titre individuel une des clefs de notre mode de vieillir et de sa qualité. Ces deux choix : où vivre et comment habiter ne doivent pas être envisagés trop tard, si on ne veut pas qu'ils s'imposent à nous, ce qui est tout le contraire de l'esprit boomer.

C'est sans aucun doute aussi le sujet où les boomers montrent et montreront le plus de diversité. Tout ce qui a été dit précédemment y prépare : jusqu'à quel âge travailleront-ils ? Quelle activité pour nourrir cette longévité qui leur est offerte ? Rester ensemble ou se séparer, et commencer une nouvelle vie ? Et comme conséquence de ce bouquet de facteurs : où choisir de vivre ? Rester sur place ou bouger ? Changer de quartier ou de climat ? S'installer où les enfants sont partis ou retrouver ses racines ? Le champ des possibles est large, et les années restantes plus nombreuses qu'elles n'ont jamais été.

L'assignation à résidence n'est plus la même que ce qu'elle était au siècle précédent. Les boomers ont été bien souvent mobiles dans leur vie professionnelle, mobiles dans leur mode de vie en devenant de plus en plus urbains, changeant de jobs, mobiles dans leur schéma familial avec l'augmentation du nombre de divorces et la fréquence plus grande encore de l'installation des enfants dans des lieux dispersés et parfois très éloignés. L'âge venant, s'ils n'en ont pas tous loin de là la possibilité financière, ils ont conscience d'avoir devant eux une multiplicité de possibles. La retraite n'est plus une fin de parcours, mais un carrefour vers de nouvelles directions.

Le domicile, une notion à multiples variables

Le « domicile » est une notion mobile : c'est le lieu où l'on se sent chez soi, où que se situe ce « chez-soi », et le logement n'en est que la traduction concrète. Cette modeste expression, « chez soi », correspond à la volonté exprimée par l'immense majorité des boomers interrogés sur la manière dont ils conçoivent leur « bien vieillir » et leur volonté d'autonomie.

Heureusement, on peut être chez soi ailleurs que dans la vieille maison inchauffable où l'on a passé des années, ou encore dans l'appartement au quatrième étage sans ascenseur d'une résidence en cœur de ville. Très différent des « maisons de retraite » par l'autonomie qu'on y conserve, on voit ainsi se développer un secteur très dynamique : l'habitat groupé dans ses multiples formes, lui-même appelé à se diversifier encore et à retarder ou à éviter l'entrée en Ehpad.

Les précurseurs en sont les « logements-foyers » que la loi ASV a opportunément fait évoluer en « résidences autonomie » en y adjoignant le financement d'un poste d'animation, chaque résidence pouvant choisir l'option divertissement, activité physique, culture ou communauté d'intérêts. Il s'agit de solutions publiques de logement à prix modéré, réunissant des petits appartements ou des studios où la personne âgée est autonome. Ces résidences comportent des locaux communs où repas et animations peuvent être partagés, et bien souvent une ou plusieurs chambres d'accueil de courte durée pour parents et visiteurs. Des variantes comportent aussi des studios à destination d'étudiants qui apportent une dimension intergénérationnelle très positive à la structure.

Les « résidences services », à loyer plus élevé, relèvent d'un modèle voisin avec une valence « services » que l'on ne paye que si on les utilise. Leur inconvénient majeur était le paiement conjoint des services et du loyer, ce qui empêchait bien souvent la relocation ou l'héritage, si le résident était propriétaire, du fait de l'importance des charges. La loi ASV y a mis fin. En ville comme en périphérie, les offres se multiplient et se diversifient avec un succès certain.

Ces « habitats groupés », dans toute la gamme de leurs prestations et de leurs niveaux de confort, sont sans aucun doute une solution d'avenir pour des âgés ayant des difficultés à entretenir des logements trop grands, mal isolés et inconfortables, peu adaptés ou mal adaptables ; la perspective se concrétise souvent après un veuvage ou quand la famille est éloignée. Si l'habitat groupé n'est en aucun cas, du fait du niveau d'autonomie très différent, une alternative à l'Ehpad comme on le présente quelquefois, il permet de retarder l'entrée en établissement, si celle-ci doit un jour s'imposer, et surtout de réduire l'isolement qui est un facteur aggravant lourd de la perte d'autonomie. Beaucoup choisissent aussi cette option pour se consacrer, comme je l'ai souvent entendu, « enfin à soi ou à son couple », en étant déchargé de nombre d'obligations.

Ce n'est pas encore le cas, mais on peut prévoir que se feront jour des « coopératives de logement » réunissant des retraités présents ou futurs à la fois dans la conception, la construction et l'habitation d'immeubles collectifs. De telles initiatives sont encore peu fréquentes et permettent d'accéder à une forme nouvelle de propriété, qui est celle des « parts sociales » de la coopérative. Je n'ai pas aujourd'hui connaissance de « versions seniors » de ces coopératives, mais elles pourraient avoir un sens en ajoutant au projet immobilier une notion d'entraide. Cette même idée réunit parfois plusieurs retraités dans des colocations.

Une variante des habitats groupés se fait jour actuellement : les habitats affinitaires. Le premier signe en a été donné par la maison des Babayagas projetée, puis réalisée autour de Thérèse Clerc. Cette « maison » (en réalité un immeuble accueillant plusieurs petits appartements) demeura longtemps un projet qui eut un large écho médiatique, ne serait-ce que par la belle personnalité de son initiatrice. Elle était destinée à des femmes âgées, voulant vieillir ensemble et l'on devait être « marrainée » pour y être acceptée, ce qui supposait que l'on soit une féministe engagée. Après bien des années, le projet s'est réalisé alors que les principales intéressées étaient déjà très âgées.

C'est aujourd'hui, en effet, la communauté homosexuelle qui défend la possibilité d'habitats participatifs affinitaires, mais non excluants, raison pour laquelle ce terme a été préféré à celui de « communautaire ». Les projets se multiplient et suscitent un réel intérêt.

Très différents et basés sur des affinités spirituelles, les béguinages perpétuent de manière souvent très éloignée le souvenir de Marguerite Porete, qui mourut en 1310 sur le bûcher pour avoir pris trop de liberté en abritant des femmes indépendantes de l'autorité de l'Église. Des modèles très variés, dont plusieurs sont mixtes et laïcisés, se développent en Flandre, en Allemagne et en France, avec toujours une dimension spirituelle autour de la notion de communauté de vie[1].

Le logement social est aujourd'hui très attentif à ses locataires de plus de 60 ans, qui représentent 25 % de l'ensemble, ce qui est peu différent de leur représentation dans la population. La relative nouveauté vient du fait que la plupart des locataires n'accèdent pas à un logement privé non conventionné avant l'âge de la retraite. L'habitat social ne fait plus figure d'« étape de vie », en particulier dans les grandes villes du fait des

1. Lina Kortobi, « Béguinage : quand le troisième âge s'inspire du Moyen Âge », *Libération*, 19 juillet 2019.

prix des loyers. De nombreuses évolutions se sont ainsi fait jour : plus de logements adaptés ou adaptables, et des initiatives innovantes (pôle de ressources, local commun, etc.) qui sont chaque année récompensées par un prix de l'Innovation attribué aux bailleurs sociaux. L'accès à la propriété au sein même du parc social est une ouverture de plus en plus fréquente en direction de ces locataires. Elle leur permet, dans des circonstances financières favorables, de devenir propriétaires avec, cependant, l'inconvénient de réduire le nombre de logements sociaux disponibles du fait de la limitation actuelle des capacités d'investissement des bailleurs.

La possibilité du choix

Choisir son mode et son lieu de vie, et élargir le champ des possibles au-delà des schémas habituels, relève de la décision individuelle et celle-ci sera certainement très variée, comme a été la vie des boomers. Ce choix doit être bien pensé, partagé, discuté, car il peut être décisif, constituer une vraie nouvelle vie ou un échec brutal, dont il sera difficile de se relever.

Il est en effet toujours difficile quand on fait ce choix au moment de la retraite, alors qu'on est en bonne forme, de prendre en compte tous les besoins et les aléas de l'âge, puis du grand âge. Un premier point est d'analyser les facilités de transport dans le lieu choisi. Le meilleur « chez-soi » demeure celui dont on sort facilement, ne serait-ce que pour rester actif. Le second est de prendre en compte les possibles épreuves de l'avancée en âge : épreuves de santé, séparations, deuils, en face desquels il est bon de ne pas se trouver seul. Trois histoires, dont deux issues de ma vie de médecin, illustrent ces aléas. Elles concernent davantage des « pré-boomers » que des boomers, mais leur expérience n'en est pas moins transposable.

Ce couple de retraités parisiens rêve depuis des années de revenir au pays, en l'occurrence entre les confins des Landes et du Gers, et d'y acheter une maison qu'ils aménageront ensemble. Toute leur vie professionnelle de petits fonctionnaires s'est déroulée dans la capitale, où ils ont péniblement pu acquérir un modeste appartement en banlieue. Ils ont connu de la vie parisienne beaucoup plus d'heures de métro et de contraintes que d'agréments et de spectacles. L'espérance et les économies de toute une vie n'ont eu d'autre objet que ce « retour ».

La retraite arrivée, ils décident de vendre leur petit appartement pour acheter une « vraie » maison avec jardin. La perle rare est trouvée en lisière d'un hameau proche du berceau de la famille de l'épouse. Quelques mois passent en travaux et aménagements divers, auxquels ils se donnent avec enthousiasme. Le jardin, fief du mari, commence à prendre forme, la maison devient habitable… Un cancer est alors diagnostiqué à l'épouse, qui est hospitalisée de manière répétée pour ses traitements. La situation s'aggrave, l'hospitalisation se prolonge et le mari ne peut que rarement la rejoindre, car il a perdu l'habitude de conduire et doit compter sur les voisins pour l'amener à la gare la plus proche. C'est pourtant une nuit où il est près d'elle que la malade meurt. Le lendemain matin, livide, presque hagard, il m'accueille avec ces mots qui résonnent encore à mon oreille : « Elle n'avait pas fini de mettre les rideaux. »

Un autre couple, urbain, amateur de voyages et de soleil, choisit de s'installer au Portugal : moindre imposition, climat de rêve, conditions de vie chaleureuses, ils apprennent la langue avec ardeur et se rendent sur place régulièrement. La famille est dispersée, qu'ils soient là ou ailleurs, ils ne la verront ni moins ni davantage, peut-être même le climat leur vaudra des visites inattendues. Bref, ils larguent les amarres, fiers de se sentir jeunes et encore aventureux. Quelques mois passent. L'époux fait des conquêtes et, je passe des épisodes, veut refaire sa vie… L'épouse décide de revenir, obtient « un petit capital », et traîne un état dépressif sans fin qu'il m'est donné de partager à l'occasion d'une consultation anodine pour des lésions cutanées provoquées, liées à sa souffrance psychique.

Deux scénarios catastrophes et, sans doute, avais-je le mauvais job, celui qui est plus souvent ouvert aux drames qu'aux réussites. Si je ne suis pas « tombée dedans » et s'il ne fut pas l'objet de ma spécialisation, le sujet de l'âge ne m'a jamais quittée. Dire qu'il m'a servi de leçon n'est même pas certain : on ne voit bien que l'âge des autres. Une folle espérance retarde de voir le sien : je ne parle pas des rides, des inconforts variés, des réparations nécessaires, là, justement, les avancées médicales nous rendent le vieillissement plus acceptable. Mais c'est l'après, l'après qu'entraîne l'accident ou la maladie grave, cet après qui approche, que nous avons toujours le même mal à concevoir. L'expatriation et même l'éloignement ne doivent être décidés qu'en faisant entrer dans le débat les accidents de santé, la solidité du couple et ses intérêts communs quand couple il y a, ainsi que la capacité à retrouver un réseau social véritable.

La troisième histoire est plus positive et me fera pardonner des deux premières : ce couple engagé, aimant les relations sociales, décide de s'expatrier à soixante kilomètres du cœur de la grande ville où il a toujours résidé. Son choix se porte sur une petite ville côtière de Gironde où il a l'habitude de passer ses vacances. Tous les deux sont entreprenants et pas spécialement fortunés : ils achètent un terrain et construisent eux-mêmes la maison avec l'aide des artisans du coin. Deux ans de travail, mais aussi de nouveaux liens, des prises de contact avec les autochtones et des collaborations avec les artisans du lieu. L'épouse s'engage dans la vie locale, l'époux noue des liens avec l'antenne d'un réseau associatif où il a toujours œuvré. La maison grandit et s'y ajoute une petite dépendance pour les enfants ou les visiteurs du week-end. La petite ville gagne deux cents habitants par an, pas plus, juste assez pour que la pharmacie et le médecin n'aient pas l'idée de déménager ; le maire signe chichement les permis de construire, car il tient à ce que les nouveaux venus soient accueillis en douceur et à ce que « sa » ville conserve son identité. Les retraités peuvent ainsi concourir à l'aménagement du territoire sans que ce soit pour eux le but de l'installation.

Il n'y a pas de solutions mauvaises, mais il y en a au moins une bonne : celle que l'on choisit mûrement et à l'unanimité de ceux qui sont concernés. Pour ma part, rien de spectaculaire ni d'innovant. J'ai transporté mes pénates là où mes parents les avaient transportés à la fin de leur vie professionnelle et à semblable moment. Une pièce reste consacrée au même dieu lare qui les a accompagnés toute leur vie : les livres. Ceux qu'ils ont accumulés remplissent jusqu'aux cintres une grande bibliothèque ; les nôtres, qui n'ont réussi, faute de place, que quelques modestes incursions, tentent leur chance un peu partout et gagnent constamment du terrain. Disons-le tout net, les livres sont une vraie plaie et, en nombre, de plus en plus mal compatibles avec l'âge. Je râle quand il faut les transporter d'un étage à l'autre, je hurle quand celui dont j'ai un impératif besoin est introuvable ou qu'une étagère entière s'abat en raison de sa surcharge ; davantage encore, je sais qu'ils ne pourront pas m'accompagner si je dois m'installer dans d'autres lieux. Bref, j'assume ma part d'incohérence…

Barbon d'un autre siècle ou pas, il n'est pas interdit de penser le suivant, en particulier pour son domicile. Les boomers ont pour cela le double atout d'avoir très majoritairement un logement qu'ils peuvent vendre, échanger, faire évoluer, et ils sont, majoritairement aussi, déjà familiarisés avec le numérique. Le mariage de ces attributs désormais complémentaires s'appelle la « silver économie ».

Silver économie : le double atout

La silver économie est pour les boomers ce qu'on appelle en langage politique contemporain du « gagnant-gagnant » ; elle arrive à point en même temps qu'une génération nombreuse, plus aisée que les précédentes et sans doute que celles qui lui succéderont. Ces boomers ont une autre qualité, non négligeable, qui est d'avoir accompagné ou d'accompagner massivement leurs parents dans le grand âge et de vouloir anticiper le leur.

Mais la silver économie n'est pas moins un atout pour les boomers. Elle constitue un véritable coup de jeune dans leur quotidien et presque un défi pour cette anticipation : savoir saisir et gérer les multiples opportunités qui leur sont offertes.

Entre ces deux intérêts réciproques, tout n'est pourtant pas gagné. La silver économie doit apprendre à s'exprimer et à se montrer à cette génération à laquelle « on ne la fait pas » et qui n'a aucune envie de constituer un « marché », moins encore d'en être les gogos. Les boomers doivent, quant à eux, penser le vieillissement autrement, remettre en question leurs modes de vie et s'interroger sur le bon usage du temps qui reste devant eux.

Un troisième partenaire doit se saisir de cette double opportunité : les pouvoirs publics, afin de rendre accessibles à tous les facilités devenues possibles par les innovations exponentielles de ce secteur. Ceci est un point très important : les revenus ne sont que trop un facteur du « bien vieillir », la silver économie doit être pensée et organisée pour réduire cette inégalité.

La silver économie n'est pas un poussin du jour, mais elle n'a véritablement pris pied en France qu'en 2013, avec la décision de réunir sous cette bannière tous les acteurs économiques œuvrant pour faire que longévité ne soit pas synonyme de vieillesse et de perte d'autonomie. L'histoire mérite d'être contée, ne serait-ce que parce qu'elle est joyeuse et que le bébé a beaucoup grandi…

Entre 2012 et 2014, période où je siégeais autour de l'honorable table du Conseil des ministres, pas une séance où François Hollande ne rappelait que « chaque ministre devait se sentir comptable de la réduction du chômage ».

Si tôt entendu, si tôt convaincue. Cette incitation a certainement été le déclic majeur pour nous lancer avec ma petite équipe sur la piste de ce qui allait devenir la « silver économie ». Il y avait à cela une raison plus profonde : combien de personnes âgées avais-je reçues lors de mes permanences d'élue, où elles se présentaient avec une sorte de culpabilité sur le thème « les vieux sont une charge » ou encore « je sais bien, je suis vieille et ça coûte cher à la société » ? L'enjeu était donc de démontrer que l'âge n'était pas qu'un coût, comme cela avait été trop souvent dit et répété, mais une source de croissance. L'occasion était belle, mais pour autant cette « économie » devait avoir un sens et être mise au service de l'autonomie et de la participation sociale.

Je ne m'en doutais pas, mais la première difficulté fut le choix du terme « silver économie », pourtant si flatteur, car il évoque non seulement les cheveux argentés, mais la « médaille d'argent », étape précédant la « médaille d'or », ou encore les cartes « Gold », synonymes de privilèges. Les « cartes silver » sont d'ailleurs incontestablement plus agréables à recevoir que les « cartes Senior » de la SNCF, que les voyageurs cachent profondément dans leur portefeuille.

La difficulté n'était pas tant la signification du mot, mais le fait qu'il s'agisse d'un terme anglais, peu goûté dans un gouvernement en charge de la francophonie. Je plaidai la cause de « silver » auprès du Premier ministre Jean-Marc Ayrault qui m'exposa cette réserve, tout en ajoutant, conciliant : « Trouve-nous quelque chose… » J'ai trouvé : pourquoi « silver » comme « sylvestre », et comme le prénom Sylvere (ou Silvère), ne viendrait pas de *silva*, « la forêt », et serait alors blanchi – comme la forêt sous la neige – par son origine latine ? C'est plutôt faux (bien qu'évoqué par le Larousse en dix-neuf volumes du XIXe siècle), mais c'est plausible. De toute manière, le mot passa.

Quelques mois, beaucoup de travail, beaucoup d'enthousiasme, de multiples contacts avec des entrepreneurs de toutes dimensions et spécialités (des géants mondiaux Legrand, Hager ou Saint-Gobain aux plus petites start-up) permirent de réunir huit cents entreprises, collectivités, groupes financiers dans les locaux de Bercy le 24 avril 2013 pour le lancement d'une filière digne de ce nom. Le rapport de Jean

Pisani-Ferry pour France Stratégie[1] finit de valider la pertinence des espoirs mis dans cette économie. Le lancement fut suivi de la signature d'un contrat de filière, d'une charte de la silver économie, de la labellisation de trois « silver régions »... La machine était lancée : elle ne fait depuis lors que croître et prospérer.

Késaco, la silver éco ?

Le champ de la silver économie est très large, mais sa définition est d'abord dans son essence : c'est une économie au service de la longévité et de l'autonomie. Elle est née du désir et du besoin de ceux qui avancent dans l'âge de demeurer libres de leurs choix, autonomes et chez eux. La génération des boomers constitue de ce point de vue une cohorte exemplaire autant par son volume que par ses aspirations. Une « charte » rassemble les acteurs de la silver économie afin qu'elle soit avant toute chose une économie de la confiance et de l'utilité[2].

Deux grands axes, destinés bien évidemment à se rencontrer, sont associés dans la silver économie : les aides humaines, que nous appelions au ministère le « software » en opposition au « hardware », constitué par les technologies. Ces dernières répondaient alors au nom de « gérontechnologies », vocable compliqué et peu aguichant qui fleurait davantage les gérontes

1. « Une opportunité de croissance pour la France », 2013.
2. Voir page 319.

du temps de Molière que la révolution numérique. Il est aujourd'hui pratiquement abandonné.

Les aides humaines réunissent deux secteurs très différents : les proches aidants[1], familiaux ou de proximité et le très important secteur des métiers de l'autonomie[2]. Ce dernier constitue un gisement considérable d'emplois (300 000 d'ici 2030 d'après la DARES[3]), mais aussi un vecteur de lien intergénérationnel considérable.

Deux stars dans ce domaine : le numérique et le domicile ; l'un et l'autre ayant bien souvent partie liée dans l'adaptation des logements à l'âge.

Le numérique, un ami qui nous veut du bien

Outre les progrès sociaux et médicaux, le numérique fait partie des atouts majeurs offerts aux boomers. Là aussi, ils ont de la chance : si aucun d'entre eux, même les plus tard venus au monde, n'est un « digital native », du moins beaucoup d'entre eux y sont aujourd'hui familiarisés. Ils ont vu l'ordinateur s'installer à leur domicile alors qu'ils avaient entre 30 et 50 ans, selon leur date de naissance, ce qui leur a donné le temps d'en apprendre les clefs, de s'énerver à leur sujet et d'en changer plusieurs fois. Ils sont

1. Voir page 279.
2. Voir page 286.
3. Direction de l'animation de la recherche, des études et des statistiques.

aguerris aussi à la tablette et au smartphone et, au cours des prochaines années, la fracture numérique qui les sépare des « digital natives » se sera beaucoup amoindrie. Avec cependant un bémol : les récalcitrants au « tout numérique » ont paradoxalement de bonnes chances d'augmenter en nombre du fait de la numérisation forcée de multiples formalités et de la réduction du contact humain qu'elle engendre dans des circonstances nombreuses, où ils ont au contraire besoin de conseils, d'encouragement et d'un brin de conversation. La marche forcée qu'imposent aujourd'hui commerces, services et administrations favorise davantage l'« illectronisme » que le plaisir de se connecter et de pianoter.

Hormis cet usage imposé, les retraités ont compris très vite qu'Internet était pour eux une manière de rester en prise avec l'évolution du monde et d'élargir leurs relations sociales. Leur présence sur les médias sociaux augmente régulièrement et il faut s'en réjouir. S'ils isolent les jeunes du réel, ils relient au contraire les âgés au présent, leur permettent de s'exprimer, mais aussi d'acquérir des connaissances ou tout bêtement de chercher des informations pratiques. Il est démontré que, pour eux, l'usage des nouveaux écrans est beaucoup plus positif que les heures occupées passivement à regarder la télévision.

De nombreux sites, profils Twitter, comptes Facebook, magazines en ligne sont particulièrement dédiés aux seniors, mais il ne faut certainement pas s'y cantonner. Les liens avec la famille ou les relations éloignées profitent aussi largement d'Internet de multiples manières. La participation au débat politique ou, d'une manière beaucoup plus générale, la réflexion, l'acquisition de connaissances et l'échange d'opinions gagnent beaucoup à dépasser le café du commerce et à maintenir la présence au monde des âgés.

Une minuscule anecdote à ce sujet du numérique. Arrivant au ministère, j'ai été très rapidement convoquée à Matignon pour m'inciter à la diète numérique qui sied à tout ministre ne voulant pas laisser partir un Tweet malencontreux ; il m'a aussi été suggéré de choisir, pour mon profil, une représentation plus ministérielle qu'assise en tailleur sur une table, mon ordinateur sur les genoux. J'ai sagement expliqué que je voulais incarner mon ministère et que je devais participer de l'informatisation croissante et rapide de mes ressortissants, abusant de l'adage « Un âgé qui tweete ne vieillit jamais ». Ce point, d'ailleurs, a été démontré en termes plus scientifiques : « Une attitude active sur Internet retarde la démence. » Chercher des infos, rédiger des « posts » témoigne d'une volonté de présence au monde et de participation très prometteuse pour l'espérance de vie. Nombreux d'ailleurs sont les septua et octogénaires qui rassemblent aujourd'hui plusieurs dizaines de milliers de followers. La palme en revient à Bernard Pivot, dont les microdissertations sur le langage et le jeu des mots enchantent plus d'un million de followers. Il est à ce propos rassurant de penser qu'un des hommes qui est le plus suivi sur Twitter a 80 ans !

Sans vouloir atteindre ce record, je recommande ce média aujourd'hui bien souvent décrié pour concentrer des expressions de haine ou de simple bêtise. Il est tout à fait facile de s'en protéger, en ne s'abonnant qu'aux comptes des personnes et des personnalités dont on souhaite recevoir des nouvelles ou des informations, et éventuellement en bloquant celles qui sont agressives ou dépourvues du moindre intérêt.

Pour cette dimension d'information et d'instruction, Twitter est un moyen très rapide de faire sa « revue de presse » du jour. Concernant l'actualité ou des champs nouveaux de connaissance, on y découvre des liens vers des publications dont on n'aurait rien su autrement. De nombreux « profils » à vocation historique, géographique, artistique et tant d'autres sujets sont de véritables et heureuses surprises. De plus, tweeter permet de suivre des personnes que l'on avait perdues de vue et dont on a plaisir à avoir ainsi des nouvelles, et bien sûr des membres de la famille qu'on ne voit pas souvent. Mais l'essentiel, ici comme ailleurs, c'est de participer.

Avant même de poser eux-mêmes un pied dans le champ de l'âge, nombre de boomers ont offert à leurs parents des tablettes ou des écrans numériques simplifiés qui permettent à un octo ou à un nonagénaire dégourdi de converser avec son petit-fils en Australie et qui, avantage non négligeable, attire petits-enfants ou arrière-petits-enfants beaucoup plus que le croquet ou le jeu de cache-cache… Dans plusieurs Ehpad, j'ai vu installées des consoles Wii, permettant de simuler des activités physiques, non spécifiquement à destination des résidents, mais des petits-enfants qui venaient leur rendre visite et avec qui ils pouvaient ainsi partager des jeux. Les séances de Skype ont pris la suite et redonné quelquefois un brin de parole à des malades très âgés qui reconnaissaient leurs enfants partis habiter au bout du monde. Le pari peut être pris qu'au moment où les boomers entreront en Ehpad, ceux-ci seront très largement équipés de manière à stimuler sous la forme de *serious games* et à divertir des résidents déjà familiarisés avec ces outils.

Le logement en toute autonomie

Outre la tablette sous le bras, les boomers premier cru ont un autre atout, non moins considérable : ils ont un logement et, pour 72 % d'entre eux, en sont propriétaires ; plus nombreux encore sont-ils à vouloir y vieillir, qu'il s'agisse de la maison où ils ont vécu ou d'une forme nouvelle de domicile. Dans les deux cas, il faut concevoir ce domicile comme un « atout autonomie » et non comme un parcours du combattant où l'on tombe, se fatigue, se blesse, s'ennuie et où on ne peut accéder à toutes les pièces, non plus qu'aux plus hautes étagères. Maison ou appartement, la silver économie peut faire beaucoup pour eux et transformer un domicile en un lieu sécurisé, modernisé où la vie est grandement facilitée.

Concernant la sécurité individuelle, la téléassistance que l'on porte sur soi en pendentif ou en montre est le premier instrument mis à disposition des personnes âgées vivant seules (1970) ; 560 000 d'entre elles l'utilisent en France, soit seulement 9 % des plus de 75 ans, alors qu'elles seraient beaucoup plus nombreuses à pouvoir en bénéficier. Au Royaume-Uni, ce sont 4 millions de seniors qui en sont équipés et l'on compte 5 600 000 appels par an.

Cette forme d'assistance connaît aujourd'hui une grande mutation avec l'émergence de solutions novatrices : montre multi-usage connectée permettant, en particulier, à un malade d'Alzheimer d'être localisé s'il se perd, domotique, vidéovigilance, chaussure ou sol connectés, robotique, assistants vocaux, etc. Les uns et les autres évoluant à grande vitesse. D'ores et déjà, le réfrigérateur peut échanger avec son propriétaire, prévenir si on ne l'a pas ouvert depuis plus d'un jour ou… passer commande au supermarché des produits qui ont été consommés. Dans quelques années, nous vivrons au milieu d'objets connectés qui ne remplaceront pas la présence humaine, mais pourront l'informer ou la déclencher.

Des aménagements beaucoup plus simples pour lesquels il peut y avoir lieu de demander le conseil d'un ergothérapeute peuvent aussi éviter bien des risques comme le chemin lumineux qui s'allume dès qu'on met le pied hors du lit, l'éviction des tapis ou de tout objet susceptible de heurter ou de faire tomber, etc. Certains d'entre nous ont eu à « adapter » le logement de leurs parents à la perte d'autonomie. Le résultat amène quelquefois à transformer un décor familier en une chambre d'hôpital, mais des progrès notables ont été faits grâce au design, qui renoue ainsi à sa vocation de *design for all* et de praticité.

Une question décisive concernant l'adaptation du domicile à l'âge et au grand âge est, bien sûr, son coût. La maison connectée n'est certainement pas encore à la portée de tous. La silver économie ne doit pas être un motif supplémentaire de ségrégation sociale : l'âge lui-même en est un et l'on sait que les revenus influencent grandement la qualité du vieillissement.

Pour cette raison, la loi d'adaptation de la société au vieillissement a introduit un fonds de prévention, partagé entre les conseils départementaux, dont l'intention majeure était de permettre aux personnes à faibles revenus de bénéficier des progrès technologiques. L'idée était que ces départements mutualisent leur action et, comme c'est le cas déjà en Creuse, fournissent un bouquet de services associant domotique traditionnelle et informatisation aux bénéficiaires de l'APA[1], laquelle s'obtient, comme on le sait, sous condition de ressource. Grâce à des économies d'échelle, la mutualisation permet d'offrir ces services à un prix d'abonnement faible, voire gratuitement. Force est de constater que cette mutualisation n'a pas encore eu lieu. Dans l'adaptation du domicile, qui est un enjeu majeur pour y vieillir longtemps, la silver économie demeure aujourd'hui très inégalitaire.

Un autre champ de cette silver économie, particulièrement prometteur, est l'aide au lien social entre les âgés et avec les aidants familiaux ou professionnels. Les propositions se multiplient pour faciliter la vie (par exemple, mutualiser les courses) ou permettre

1. Allocation personnalisée d'autonomie.

à des âgés de proposer leurs capacités particulières à des familles ou à d'autres âgés (enseigner et réaliser des recettes, se perfectionner dans une langue, échanger des savoirs manuels). À l'inverse, ce peut être des personnes âgées mises en contact avec des plus jeunes pour des activités ponctuelles, des déplacements. La plate-forme qui joue le rôle d'intermédiaire assure la sécurisation des contacts et gère les échanges financiers.

Robotique et technologies de pointe

La robotique fait une rentrée encore relativement discrète dans le monde de la silver économie. Pour avoir passé deux ans dans mon bureau de ministre avec le petit robot de compagnie Kompaï, qui pouvait à la demande souhaiter la bienvenue aux visiteurs et répondre à des questions, je me suis longtemps interrogée sur l'avenir de cette sorte de compagnon. Eh bien, j'avais au moins partiellement tort et un colloque récent de la Fondation Korian (fondation associée au groupe d'Ehpad du même nom) a montré que les robots, à condition d'être de petite taille et humanisés, comme le sont Kompaï ou NAO, sont très bien accueillis par les grands âgés en maison de retraite. Ils les distraient, sont vécus comme un familier sympathique auquel on donne un nom, servent de lien avec les familles (et en particulier les enfants) et suscitent de l'intérêt ; bref, ce sont davantage des outils de lien social que des objets réellement utilitaires capables de rappeler à l'heure dite qu'il faut prendre ses médicaments ou autres sujets de routine. Reconnaissons que, dans ce milieu médicalisé, la fonction utilitaire qui fait de ces robots des « assistants » est moins nécessaire que dans la solitude du domicile où ils permettent, comme Buddy, surveillance, échanges (le robot et la personne s'appellent réciproquement par leur prénom), et sont considérés comme pleins d'avenir, en particulier, par les bailleurs sociaux.

Une autre variété de robots est principalement représentée par le phoque PARO, dépourvu de toute fonction d'assistance et destiné à des personnes en fort déclin cognitif et n'ayant peu ou pas de communication verbale. PARO a la taille d'un gros chat, son pelage est particulièrement doux, invitant la main à la caresse, qu'il apprécie en ronronnant, clignant des yeux et bougeant la queue. Il suscite une impression de bien-être et un échange purement sensoriel très apaisant, comblant en partie la difficulté d'avoir un animal de compagnie dans les unités de soins.

Autour des technologies, on rassemble souvent les économies du loisir à destination des « seniors » : tourisme et croisières dont les boomers sont réputés friands, cures thermales qui sont en effet majoritairement fréquentées par les retraités, mais ne veulent rien en paraître. L'ancien P-DG de Renault Louis Gallois m'a beaucoup amusée en m'apprenant que, dans les dépliants publicitaires des croisiéristes, apparaît souvent l'image d'un mur d'escalade ou d'un punching-ball, tous deux évocateurs d'une condition physique de sportif, le but étant de donner à penser que cela concerne une grande partie de la clientèle. De fait, ayant visité dans le port de Bordeaux un paquebot de croisière qui devait y faire une manœuvre osée, j'ai pu juger qu'à la fois décor et croisiéristes évoquaient davantage les dernières décennies que les premières…

Ajoutons encore au catalogue silver éco, mais avec la même réserve que précédemment : les assurances, les caisses de prévention, les caisses de retraite, etc. Toutes activités qui ne sont pas nées avec la silver économie, mais concernent très largement ses bénéficiaires. Une tendance se fait d'ailleurs jour de lier à ces structures des dispositifs d'assistance et d'accompagnement, contribuant à les intégrer plus directement dans la silver éco.

Gagnant-gagnant, mais pas gagné encore !

Ce sont les boomers qui feront – ou non – de la silver économie un succès en termes de croissance pour le pays et de qualité de vie pour eux-mêmes. Pour qu'ils aient l'envie, puis l'usage de ces technologies et de ces solutions, il est indispensable qu'ils soient associés à toute la chaîne de décisions, de la conception à l'installation. La clef du succès réside dans la correspondance entre l'outil, le dispositif ou le service proposé et son usage.

Le premier enjeu est de trouver comment s'adresser aux boomers pour leur démontrer le besoin qu'ils peuvent avoir des outils de la silver économie, tout en ne les stigmatisant pas comme « vieux ». L'affaire est ardue : les boomers ne sont pas – en tout cas moins que leurs prédécesseurs – dans le déni de leur âge ni même de leur vieillissement, mais ils veulent y être pour quelque chose. La publicité des produits L'Oréal « Parce que je le vaux bien » devient ici « parce que je le veux bien ». En un mot, le boomer accepte de vieillir, mais veut paraître l'avoir choisi.

Cette remarque n'est pas si légère. Tous ont conscience de la chance qui est la leur d'affronter la longévité. Les choix vestimentaires des femmes, les options sportives des hommes montrent que les uns et les autres acceptent leur âge, mais avec style et fantaisie. Il n'y a rien de meilleur que ce défi, ne serait-ce que parce qu'il vient de soi.

« Parce que je le veux bien, parce que je le décide », je transforme mon logement et rends son usage plus facile. « Parce que je le veux bien, parce que c'est mon choix », je projette de déménager dans un autre lieu ou de profiter d'une forme nouvelle d'habitat et, toujours pour la même raison, je m'engage dans une activité qui me correspond.

Comment traduire ces monologues intérieurs en images et en mots ? Pour les images : les plus contemporaines et attractives possible. Même les instruments à vocation de santé doivent se garder au maximum d'évoquer la maladie. C'est ce qu'a compris Apple comme l'entreprise Withings, dont les bascules ressemblent à des ordinateurs extraplats.

Les « monte-escaliers » sont de ce point de vue, et malgré des efforts certains, aussi décourageants que stigmatisants, puisqu'ils sont appelés à trôner au milieu de la maison. Les petits ascenseurs (en réalité des élévateurs au regard de leurs critères de vitesse) sont beaucoup plus acceptables, mais demandent des aménagements souvent coûteux, en particulier dans le logement ancien. J'ai évoqué ailleurs les déambulateurs, dont je ne parviens pas à croire qu'ils ne puissent s'améliorer et surtout s'inscrire dans une gamme de produits allant de ce modeste objet jusqu'à des bi ou tricyclettes électriques, dont la parenté au sein d'une même gamme et d'un même design les sortirait du champ du grand âge. Les cannes-sièges peuvent s'inspirer des équipements du golf ou du polo pour y gagner un je-ne-sais-quoi d'aristocratique et devenir, comme les cannes tout court, de vrais objets connectés qui flairent le sol et affichent le pouls ainsi que le nombre de pas…

Il manque, par ailleurs, à la silver économie quelques égéries susceptibles de rendre objets et dispositifs « tendance ». Je n'ose citer de noms parmi les présentatrices ou les mannequins françaises qui sont d'authentiques boomeuses ; à elles de se reconnaître ou au lecteur de proposer des noms.

Voilà qui fait le lien avec les mots. L'idée du choix et de la décision propre est d'importance comme celle de l'individualité. Le « je » est bienvenu, mais le « nous », faisant allusion à une génération nouvelle qui a conscience de ses devoirs comme de ses pouvoirs, n'y est pas non plus indifférente. Les boomers doivent radicalement sortir de leur image de génération privilégiée vers celle de génération défricheuse et inventive. Oui, même si nous savons qu'il n'en est rien, nous voulons choisir de vieillir…

Confiance et qualités d'usage

Il faut aller plus loin dans la familiarisation de tous les publics à la silver économie et accentuer sa dimension d'économie de la confiance. Plus on avance en âge, plus on souhaite n'acheter que ce qui sert à quelque chose, dont on saura se servir, qu'il sera facile de faire régler ou réparer si nécessaire et à prix en juste correspondance avec l'usage et le bénéfice qu'on en tirera. Pour cela, une labellisation des produits paraît la meilleure voie. Elle ne doit pas réserver l'objet aux âgés, mais exprimer qu'il est de bon usage pour eux. À côté d'« Age Pride », on pourrait inventer le label « *silver proof* » ou autre petit clin d'œil à consonance joyeuse. J'avais imaginé que cette fonction de labellisation pourrait être attribuée à une instance indépendante composée de professionnels, mais surtout d'âgés concernés. Ces instances devant bien évidemment se déployer dans chaque région, par exemple, au sein des gérontopôles.

Lorsque nous avons rédigé la « charte de la silver éco », nous avons insisté sur la nécessité d'une charte éthique répondant aux critères précédemment évoqués. Ce label n'existant dans aucun pays, il pourrait constituer un atout pour le *made in* France et son développement à l'exportation.

Les freins à desserrer

La silver économie se heurte à un certain nombre de freins qui, malgré son succès dans la presse et les salons qui se multiplient, ne permettent pas aujourd'hui de la positionner de manière certaine comme une économie génératrice d'une croissance durable pour la France.

L'offre est multiple, mais elle n'est pas bien identifiée, ne serait-ce que par sa diversité et parce qu'elle réunit sous un même vocable des secteurs très différents. Plus concrètement encore dans notre pays, elle est surtout composée de start-up qui ont du mal à atteindre la taille limite qui leur permettrait de se développer et d'exporter. D'où la volonté qui a été la nôtre de créer une filière nationale et de soutenir les régions en capacité de faire vivre des filières régionales ; d'où aussi la création d'« alliances »[1] entre entrepreneurs visant à réunir dans un même collectif, profitable à chacun, des acteurs œuvrant dans des champs complémentaires.

La demande demeure trop confinée par la relative distance entre nombre de personnes âgées et le numérique et, plus encore, par l'absence de traduction concrète de ce qu'elle représente et de ce en quoi elle peut être utile au quotidien. À cela une double explication : l'absence de distributeurs (à l'exception d'un magasin Leroy Merlin à Paris) et le manque

1. Contrat de filière « silver économie », ministère des Solidarités et de la Santé, 12 décembre 2012.

d'appétence des grandes surfaces à créer des « silver boutiques » attrayantes ou se côtoieraient des dispositifs électriques (chemins lumineux, détecteurs de fumée, etc.), ordinateurs et tablettes au maniement facile, téléviseurs tactiles, étagères montant et descendant électriquement, etc., de manière à évoquer le confort plus que la perte d'autonomie. J'avais rencontré dans cette perspective Gérard Mulliez, grand patron de l'entreprise Auchan, qui avait alors 82 ans, ce qui me paraissait de bon augure. Il m'avait promis une « silver boutique » Auchan à titre expérimental dans son magasin de Montpellier, qui malheureusement l'attend toujours…

De même, les appartements et les maisons témoins demeurent rares, alors qu'ils pourraient être des démonstrateurs de l'utilité et de l'absence de caractère stigmatisant de la silver économie. Les deux seules réalisations probantes de « maisons silver éco » à ma connaissance ont été installées et équipées par Legrand à Limoges et par Hager en Alsace. Elles donnent définitivement envie de renoncer à tous les pièges des logements traditionnels (tapis, meubles encombrants, sols glissants, lourds volets, luminaires haut situés, baignoires qu'il faut enjamber à grand-peine, etc.). Toutes deux mériteraient de figurer dans une revue de décoration, ce qui actualiserait grandement l'image du logement adapté.

Ni les bailleurs sociaux ni les municipalités ne se sont encore emparés de l'idée d'équiper un petit logement avec des dispositifs principaux et de les présenter dans un décor attrayant ; pourtant, il s'agit d'un investissement de faible coût, utile pour les 25 % de locataires de plus de 60 ans, mais aussi pour tous ceux qui voudraient voir de près ce que représentent les outils de la silver économie au domicile.

Pour les usagers potentiels, reconnaissons que la silver éco n'a toujours pas de numéro de téléphone ni d'adresse, et qu'à l'exception d'un salon annuel parisien, Silver Economy Expo, on ne facilite pas la tâche des boomers intéressés par l'aménagement de leur domicile ; on comprend mal que des architectes ne se soient pas spécialisés dans l'adaptation des logements à l'âge, mêlant tout à la fois identification des besoins et propositions innovantes.

Les artisans sont eux aussi au premier plan et leurs deux confédérations y montrent beaucoup d'engagement, en mettant en avant les labels Handibat et Silverbat. Individuellement, peu d'entre eux ont pourtant suivi de formations spécifiques, hors ceux qui en bénéficient par le biais d'entreprises, en particulier à l'occasion de la pose de sanitaires adaptés comme les douches dites « à l'italienne » ou les toilettes surélevées.

Bref, le succès de la silver économie, sous toutes ses formes, est très lié à celui de notre vieillissement. La première évolue plus vite encore que le second, et cela doit nous rendre à la fois optimistes et curieux sur ce qu'elle peut nous apporter, et nous ne devons pas hésiter à nous exprimer à son sujet. Les boomers sont la clef de la réussite de cette économie nouvelle.

Durables, mais (pas toujours) responsables

Il n'y a guère meilleure illustration du développement durable que la longévité : durables nous sommes, et désireux de le rester. Mais tout autant, nous désirons que le monde autour de nous le reste. J'écris cela aux premiers jours d'un printemps qui s'est trompé d'un mois. Bourgeons, chants d'oiseaux, violettes et narcisses font fi du calendrier, signe avant-coureur d'un réchauffement que nous ne ressentons pas encore comme dangereux, mais dont nous savons qu'il le devient. Et je crois que notre génération en est, elle aussi, convaincue.

Ce ne fut pas toujours le cas, et ceci malgré les mises en garde d'un candidat inattendu et inconnu aux élections présidentielles de 1974. L'agronome René Dumont, qui avait alors 70 ans, célèbre pour son pull-over rouge, sa mine modeste et ses propos révolutionnaires, n'obtint que 1,03 % des suffrages. Cinquante ans après, on peut dire qu'il avait tout juste et que nous avons complètement raté cette marche qui eût pu constituer un véritable fleuron dans notre appréhension du monde. Tout au contraire, nous avons continué à surconsommer, à acheter des voitures et à rouler à l'excès, préféré à partir de 1960 l'eau en bouteille en plastique à celle du robinet, gaspillé les aliments et nous nous sommes lancés dans des voyages au bout du monde plutôt qu'au bout du jardin…

La « sobriété heureuse » est encore loin

Tous les chiffres concernant l'ensemble de ces choix nous désignent comme très éloignés de cette « sobriété heureuse » que prône Pierre Rabhi[1], mais qui connaît aussi un grand ancêtre en la personne d'un noble Vénitien quelque peu oublié : Luigi Cornaro. Icelui, après avoir vécu d'excès divers jusqu'à sa quarantième année, théorisa une sorte de diète en tous domaines, illustrée par le principe « qui mange peu mange pendant de longues années » ; ce qui permit à ce « boomer durable » longtemps avant l'heure de vivre cent deux ans, il y a six siècles (1464-1560)…

Nous avons consommé jusqu'à l'excès, à vrai dire avec des circonstances atténuantes : après des temps difficiles presque jusqu'à la fin des années 1950, les ménages ont été désireux de confort et d'abondance. Les progrès techniques rapides installaient dans les vitrines des appareils toujours plus nouveaux, du transistor à la télé couleur, du célèbre Frigidaire au congélateur, tandis que les supermarchés s'implantaient

1. Pierre Rabhi, *Vers la sobriété heureuse*, Actes Sud, 2010.

partout. Les jeunes boomers épris de nouveauté ont succombé et ont continué quand ils ont eu l'âge de s'installer dans leurs propres logements.

Ils ont succombé plus encore à l'amour des déplacements. Bien avant d'atteindre la maturité, les jeunes boomers ont affirmé leur préférence pour tout ce qui bouge, et les Rolling Stones n'ont pas choisi ce nom au hasard. Dès que possible, ils se sont précipités sur un instrument qui n'était pas nouveau, mais dont les progrès techniques et les records de vitesse étaient spectaculaires : la voiture.

Je n'ai, comme les autres, pas fait exception. Blaise Pascal, dont ma mère me rebattait les oreilles, avait écrit, entre autres « pensées » qu'elle affectionnait : « Tout le malheur des hommes vient d'une seule chose, qui est de ne savoir pas demeurer en repos dans une chambre. » La leçon n'a pourtant pas suffi et, dès mes premiers salaires, j'ai acheté une 2 CV qui m'a comblée de fierté, plus qu'aucune autre voiture ultérieurement.

Ainsi, les Trente Glorieuses ont vu un triplement du marché automobile mondial. Les baby-boomers avaient grandi en collectionnant les petites voitures Dinky Toys, et ils se sont vite emparés des modèles adultes et passionnés pour les Salons de l'auto, les rallyes et les courses automobiles. L'automobile, bien souvent au pluriel, est entrée dans tous les ménages qui, parallèlement, délaissaient le monde rural pour la ville ou ses environs. L'automobilisation intensive, qui ne les a aujourd'hui pas quittés, a amené à parler de « dépendance automobile » et cette dépendance en a fait leur troisième cause de mortalité.

Aujourd'hui, ils en découvrent les difficultés et le coût : au cœur des villes par les embouteillages, la rareté du stationnement et le prix des parkings. Autour d'elles par le prix de l'essence et du diesel. Il n'est pas anodin de constater que deux des éléments provocateurs de la crise des « gilets jaunes », portée initialement surtout par des retraités, ont été la limitation de la vitesse à 80 kilomètres/heure et l'augmentation du prix du carburant.

Le goût immodéré de la mobilité n'a pas pour autant déserté les boomers. Les grands-parents gâteaux sont aujourd'hui les premiers acheteurs de camping-cars, où ils embarquent leurs petits-enfants pour leur faire visiter le monde. Et nombreux sont les boomeurs, précoces ou tardifs, qui n'hésitent pas à sauter dans un avion pour visiter New York ou passer une semaine aux Maldives.

Tout cela n'est pas trop développement durable… Et il faudra beaucoup d'investissements pour mettre à disposition des aménagements urbains et ferroviaires suffisamment denses, performants et adaptés, susceptibles de rallier les boomers aux transports en commun ou, pour les plus « accros », à l'achat de véhicules électriques. La condition de leur participation active à la vie sociale de leur territoire est pourtant de leur rendre les solutions de mobilité moins décourageantes : kilomètres de couloirs de métro et escaliers à toutes les stations, trams et bus bondés, ruptures de charge problématiques pour les trajets en train, etc.

Le bénéfice de l'âge et la fin du gaspillage

Notre génération a ainsi beaucoup à se faire pardonner, mais nous avons des atouts pour y réussir. Les 60 ans et plus sont les premiers clients des jardineries et jouent un rôle moteur dans l'engouement actuel pour le jardinage et les cultures de proximité. Même s'ils sont aussi majoritaires dans les grandes surfaces, l'âge apprend à réduire les achats compulsifs, à préférer comme nos grands-mères ce qui est de bonne qualité et qui dure, qu'il s'agisse d'un vêtement ou d'une machine à laver. Je lui fais confiance aussi pour réduire nos envies ou nos possibilités d'escapades au bout du monde.

L'âge fait aussi bien souvent le tri à l'intérieur des logements. Une maison est d'autant plus facile à vivre qu'elle n'est pas encombrée, que les meubles n'y sont pas surchargés d'objets inutiles ou dangereux. Les résidences destinées aux seniors font toutes le choix d'un décor contemporain où blanc et couleurs vives font bon ménage, et c'est généralement le cas aussi de ceux qui quittent leur domicile habituel pour une nouvelle installation, plus fonctionnelle et souvent plus petite. Le *design for all* est un *design for age* qui marie avec bonheur praticité, simplicité et numérique.

Autre atout, l'avenir de nos enfants et de nos petits-enfants nous interroge quelquefois plus qu'eux-mêmes, malgré de très belles initiatives lycéennes pour le climat, et nous voulons y être pour quelque chose. La démographie ne nous interpelle pas seulement pour la courbe des âges, mais aussi parce que nous serons 10 milliards sur terre en 2050. Ce « nous » est d'ailleurs un peu optimiste, car à cette date les boomers ne seront plus très nombreux. Le siècle de présence sur terre de notre génération aura accompagné une multiplication par quatre de la population mondiale. Rien, absolument rien ne pourra être comme avant, si nous voulons que ces 10 milliards d'humains puissent se nourrir et tout simplement vivre. Finis la surconsommation de viande, le gaspillage alimentaire, bonjour l'économie circulaire, l'agriculture de proximité, les déplacements économes.

Alcool, tabac… le boom des addictions

Soyons tout à fait honnêtes : quand nous défendons la planète, c'est d'abord pour pouvoir y vivre bien et en bonne santé. La planète Terre en elle-même ne nous intéresserait pas davantage que Mars ou Saturne si nous n'y habitions pas. Tous les enjeux écologiques sont d'abord des enjeux de santé : manger sans pesticides, respirer sans particules fines et même respecter la biodiversité. L'objectif est moins évident pour ce dernier point, mais il est tout à fait réel : sans insectes pollinisateurs, sans équilibre de la faune et de la flore, sur terre comme dans les mers, notre capacité à nous nourrir serait compromise.

« Durables » donc, mais là non plus pas très responsables, en particulier pour ce qui concerne la santé.

Ce sont pourtant les progrès médicaux qui nous ont fait le cadeau de cette longue « troisième vie » où nos besoins de santé vont obligatoirement augmenter, jusqu'à plafonner dans les dernières années. Le plus grand grief contre notre génération est d'avoir prêté la main à l'explosion des addictions, alors même que parallèlement on en connaissait de mieux en mieux les dangers. Je suis médecin, ma partialité n'en est pas une : nous avons largement galvaudé ce qui nous avait été donné, un meilleur état de santé.

Les boomeuses en particulier ont eu le tort immense d'imiter leurs partenaires masculins jusque dans leurs défauts. Nous sommes ainsi massivement tombées dans le piège du tabac, alors que les générations précédentes étaient tenues à la bienséance, qui voulait que les femmes ne fument pas, du moins en public, et je bénis mes parents de ne m'avoir jamais interdit de fumer, mais d'avoir rendu évident que c'était en tous points une erreur.

Les années 1960, alors même que les preuves des dégâts du tabac s'accumulaient, ont vu l'explosion du tabagisme féminin, dans un premier temps par souci d'émancipation et pour accompagner leur accès à la voiture, aux terrasses des cafés ou à des postes masculins. Puis le développement du cinéma et la stratégie intensive des cigarettiers d'introduire dans les films des images séduisantes d'actrices fumant dans toutes les circonstances de la vie ont démultiplié le nombre de fumeuses. La publicité, l'apparition de cigarettes « slim » ou aromatisées ont fait le reste.

On constate aujourd'hui, à l'occasion des « mois sans tabac », une résistance particulièrement forte à l'abandon du tabac par les femmes qui ont l'âge des boomeuses de seconde génération, celles qui justement ont été piégées par les stratégies de l'industrie du tabac qui sponsorisait lourdement les images valorisantes de femmes de pouvoir ou la séduction d'actrices en train de fumer ; et la responsabilité d'actrices égéries, telles que Catherine Deneuve, est grande d'avoir accepté ce rôle. Parallèlement, les hommes étaient séduits par la virilité du cow-boy Marlboro ou par les exploits des coureurs de Formule 1 aux voitures peintes des couleurs de cette marque.

L'Institut national du cancer vient de publier (2019) des chiffres alarmants d'augmentation de l'incidence des cancers en France ; d'autant plus alarmants que ce sont des cancers évitables qui sont les principaux responsables de cette augmentation[1]. Elle touche principalement les femmes (+45 %) ; et chez elles, le cancer du poumon. Dans un contexte de considérable progrès des traitements du cancer, ces chiffres ont un caractère décourageant dont toutes et tous doivent se sentir comptables.

Le diktat de la minceur

C'est, depuis deux ou trois décennies, le diktat de la minceur, lui aussi favorisé par la publicité des grandes

1. « Les cancers en France, l'essentiel des faits et des chiffres », Institut national du cancer, édition 2019.

enseignes de mode, qui a fini de faciliter la tâche au tabac. Les femmes ont fumé et fument de plus en plus pour ne pas grignoter et pour réduire leur alimentation ; ceci au point que le tabac est maintenant considéré comme une sorte de « partenaire » de l'anorexie mentale, dont le mécanisme est assimilé à celui d'une addiction, ce qui double la difficulté d'en sortir quand elle est couplée à celle du tabac ou d'autres drogues.

Résultat : l'accès des femmes à l'infarctus du myocarde et aux accidents vasculaires cérébraux précoces, et l'augmentation de 72 % de la mortalité féminine par cancer du poumon, laquelle dépasse aujourd'hui celle du cancer du sein. Tout cela devrait constituer un enjeu dont les féministes s'emparent, mais, hélas, sans jusque-là la moindre prise en compte. Je suis allée plaider cette cause devant un groupe que je pensais accessible à cette question. La réponse a été : « Impossible, nous sommes dans un combat majeur pour éliminer le mot “mademoiselle” de l'état civil ! » Il n'y avait pas photo : les 30 000 décès féminins annuels du tabac ne rivaliseraient jamais…

L'anorexie mentale, maladie identifiée dès la fin du XIXe siècle sous le nom d'« anorexie nerveuse » et illustrée par l'impératrice Élisabeth d'Autriche (« Sissi »), a elle aussi rapidement gagné en importance et en nombre de personnes atteintes dans la seconde moitié du XXe siècle. La chanteuse-batteuse du groupe The Carpenters, Karen Carpenter (1950-1983), égérie des fans de musique pop, a illustré le risque mortel attaché à cette maladie. L'anorexie touchait initialement les très jeunes femmes, mais concerne désormais aussi, pour 10 % à 15 % des cas, les hommes jeunes. Des sites (« pro-ana ») en font aujourd'hui l'apologie sans être interdits.

Alcool, drogues diverses et maladies comportementales, point n'est besoin d'autres exemples. La liste de leurs victimes dans le panthéon des boomers représentatifs de leur temps est longue et dramatique. Aujourd'hui encore, les boomeuses américaines surconsomment des produits dangereux à l'âge de la retraite, et l'espérance de vie des Américains fléchit avec l'épidémie d'usage inadapté des opioïdes. C'est un des cartons rouges les plus difficiles à juguler de notre génération.

Paradoxalement, il y a un produit dont certains ont abusé dans leur jeunesse et qui peut s'avérer utile, sous forme médicamenteuse, à leur vieillesse. Si le cannabis est destructeur du cerveau adolescent, le cannabis a un effet positif sur les douleurs chroniques et la spasticité, c'est-à-dire la raideur qui limite les mouvements des personnes très âgées. En France, le pas n'est pas encore fait de l'autoriser dans ces indications, mais il le sera de manière certaine.

Sida, dépression ou suicide, l'âge ne met pas à l'abri

Très différente, la question du sida. L'épidémie a frappé comme la foudre notre génération et a bousculé la pratique de la médecine par la connaissance qu'en ont eue tout de suite les personnes atteintes. Les homosexuels masculins, qui croyaient entrer dans un temps de liberté, se sont vus désignés par la maladie à une sorte de jugement moral qui aggravait leur drame, et ajoutait au tragique de la notion même de pandémie.

Aujourd'hui, s'il n'existe toujours pas de vaccin, les personnes dépistées et traitées ne sont plus contagieuses, ce qui permettrait d'éradiquer la maladie si tous, partout, accédaient au dépistage et au traitement. À l'inverse, on est consterné de constater que les plus de 55 ans, qui se souviennent de cette déflagration, se détournent du préservatif et du dépistage. Ils constituent 20 % des nouveaux contaminés, ce qui est inacceptable : l'âge ne prémunit évidemment pas contre le VIH, et tout au contraire le VIH fragilise et accélère le vieillissement.

Deux autres préventions et pas les moindres nous concernent spécialement : celle de la dépression et celle du suicide.

La dépression a été en augmentation constante dès l'après-guerre, avec l'évolution d'un sentiment collectif vers plus d'individualisme[1]. Elle est plus souvent féminine et spécialement fréquente entre 45 et 65 ans, âges auxquels elle est particulièrement signalée aux États-Unis, de même que l'augmentation du taux de suicide. Dans ce pays, les deux faits sont mis en relation avec les espoirs déçus de celles qui ont beaucoup investi dans leurs professions et dont le cours de la vie, en particulier après le choc pétrolier de 1973, ne concrétise pas leurs attentes.

1. Alain Ehrenberg, *La Fatigue d'être soi*, Odile Jacob, 1998.

Boomeuses, mais aussi boomers commencent à entrer dans l'âge où le suicide est le plus fréquent, et cette fréquence s'accentue encore au fil des années. C'est un sujet de grande inquiétude, car la dépression comme le risque de suicide sont très mal décelés après 60 ans. Même pour un boomer grand teint, les moments noirs existent, facilités par des événements de vie (fin de la vie professionnelle, isolement, déménagement, divorce, perte d'un proche, entrée en établissement), mais aussi sans raison apparente. Ils ne doivent jamais être pris à la légère, d'autant qu'ils répondent bien aux traitements, évitant ainsi le passage à l'acte.

Les suicides[1] du grand âge ne constituent pas un appel au secours, mais bien une volonté ferme de mourir. Beaucoup plus souvent que chez les jeunes, ces personnes utilisent des moyens radicaux : pendaison, saut dans le vide (le plus souvent défenestration), et pour les hommes armes à feu. La détection du risque et son traitement rapide en sont d'autant plus importants.

Il y a quelque chose de profondément attristant dans le fait que notre génération, dont la plus grande chance a été l'accès à une meilleure santé, altère elle-même ces progrès pour des raisons comportementales.

1. 30 % des suicides en France surviennent après 65 ans (pour un total de 9 000 à 10 000 selon les années). Le taux de suicide est, dans ce groupe, de 30/100 000 pour les hommes et de 5/100 000 pour les femmes. Il est à son maximum chez les hommes de plus de 74 ans (59,4 pour 100 000).

Le siècle précédent, qui a jugulé tant de maladies infectieuses, les voit remplacées par ces maladies et ces troubles. Ainsi, les services de pneumologie, quasi désertés par la tuberculose qui les remplissait, sont désormais occupés par les cancers du poumon et autres altérations respiratoires dues au tabac. Le développement des addictions est à l'origine d'une nouvelle spécialité médicale, l'addictologie, d'importance chaque jour plus grande.

N'oublions jamais que, derrière chaque addiction, il y a l'expression d'un état de souffrance et d'abord de souffrance sociale, qui réduit l'espérance de vie dans les territoires frappés par la pauvreté. En face de cela, il y a des stratégies éminemment cyniques et n'ayant d'autres buts que des intérêts financiers souvent considérables. La publicité sous toutes ses formes, les trafics ont beaucoup contribué à nous « rendre accros » malgré les avancées constantes de la communication scientifique destinée à nous en protéger. Aujourd'hui, notre rôle est de tout faire pour protéger les générations suivantes, en particulier au moment de l'adolescence où l'alcool, le cannabis et les drogues chimiques altèrent durablement le cerveau.

Notre expérience de cette explosion des addictions suscite bien des interrogations, dont l'une nous concerne directement. Si nous ne parvenons pas à mettre en place des politiques de prévention efficaces et où chacun s'implique, et si nous n'enrayons pas la pression croissante des lobbies, nous ne pourrons pas subvenir au coût des progrès thérapeutiques et technologiques de la médecine. Égoïstement aussi, cela interroge la capacité des États à accompagner le grand âge. La longévité nous a fait le cadeau de la durabilité individuelle, il nous reste à la rendre universelle ou, pour le moins, à y contribuer.

Exercer sa liberté et ses droits

Ce n'est pas parce qu'on a
un pied dans la tombe
qu'il faut se laisser marcher sur l'autre.
François Mauriac

Un des plus célèbres slogans que Mai 68 a affiché sur les murs des universités : « Il est interdit d'interdire » n'a pas fini de servir aux boomers. Il suffit de lui ajouter une lettre : « Il est interdit de S'interdire ». La liberté intérieure – ce n'est pas un scoop – est bien la plus importante et, pour peu qu'on y mette un peu du sien, elle gagne en force et en fantaisie avec l'âge.

Soyons honnêtes : pas toujours. La liberté intérieure a elle aussi ses conditions et ses ennemis. Commençons par les seconds : l'isolement social, l'absence de moyens suffisants, la perte de confiance en soi, les moments de dépression que la retraite et toutes les formes de retrait instillent en nous ne lui sont pas favorables. Il suffit quelquefois d'un mot malheureux pour que cette belle liberté soit entamée comme l'est la pomme d'Apple. Que les morsures se répètent, la pomme n'est plus une pomme : elle a perdu son identité. Un des combats majeurs de l'âge est de rendre ces morsures impossibles.

Dégager l'âgisme

« Âgisme », « discrimination », « maltraitance », trois mots qui ont partie liée, bien qu'ils ne touchent pas exactement les mêmes domaines. L'un conduit bien souvent à l'autre, et tous les trois sont générateurs de dégâts insoupçonnés, pouvant mener à la dépression et au suicide.

Un mot d'abord de ce curieux terme d'« âgisme », introduit en 1969 par le gériatre américain Robert Butler. Il n'est pas insignifiant qu'il soit né dans une période où les jeunes étaient particulièrement nombreux et à l'origine d'une « culture jeune » assez excluante en elle-même. Elle constituait une sorte d'exercice préparatoire au « jeunisme » propre aux sociétés occidentales. Facétie de l'Histoire, c'est aujourd'hui aux baby-boomers, qui ont été au moins pour partie à l'origine du mot « jeunisme » comme du fait et qui affrontent désormais l'âgisme, qu'il appartient de se débarrasser des deux.

« Âgisme » est construit à l'envers de « jeunisme » ou de « féminisme », qui sont ses contemporains ; ceux-ci, qui désignent un engagement positif en direction des jeunes ou des femmes, sous-entendent un *a priori* favorable à ces deux groupes. « Âgisme », au contraire, comme « racisme », dénonce une attitude discriminatoire vis-à-vis des âgés ou des personnes d'une race différente de la sienne. L'âgisme est de fait un racisme qui n'est pas aujourd'hui suffisamment identifié comme tel, du fait de son usage récent. Le fait lui-même ne l'est pourtant pas, et jusqu'au XIXe siècle la situation faite aux vieux et le regard qu'on leur portait étaient d'autant plus négatifs qu'ils étaient pauvres et usés. Seuls y échappaient quelques rares notables détenteurs de pouvoir, que ce pouvoir soit politique ou financier et familial.

Âgisme ordinaire ou compassionnel

L'âgisme aujourd'hui est partout, si bien qu'il est d'autant moins remarqué et moins encore dénoncé. On parcourt rarement un quotidien de la première à la dernière ligne sans en trouver quelque trace.

Pourquoi, par exemple, les médias qualifient une personne par sa décennie quand il s'agit d'un sexa, septua ou octogénaire, surtout si celle-ci a fait quelque acte illicite ou anormal ? L'exemple type en est les infractions au Code de la route, très prisées par toutes les rubriques de faits divers : « Un septuagénaire s'engage à contresens sur l'autoroute et cause un accident »... La grande majorité des accidents est, au contraire, causée par des jeunes, mais jamais vous ne lirez en gros titre : « Un trentenaire roule à 140 km/h et percute un camion : trois morts ». Quant aux « vingtenaires » et en deçà, qui sont au pic des fauteurs d'accidents, ils n'existent tout simplement pas et vous les trouverez sous les termes de « un conducteur », ou simplement de « un jeune ». Ils seraient pourtant nombreux à mériter d'attirer l'attention sur leurs excès routiers.

Cette utilisation des décennies « hautes » dans des circonstances le plus souvent dépréciatives n'est qu'un des très nombreux exemples d'un âgisme larvé qui fait de toute personne de plus de 65 ans un fauteur d'actes irresponsables et de coûts. Les expressions « petits vieux » ou « petite vieille » sont les marqueurs les plus vivaces de cet âgisme presque inaperçu tellement il est fréquent, comme le démontre une simple recherche de ces deux expressions sur Twitter. La « petite vieille de 71 ans », bousculée lors d'une manifestation des « gilets jaunes » à Nice, a fait sous ce nom la fortune des médias de tous niveaux sans même qu'on prenne le soin de la nommer. Ex-soixante-huitarde, militante d'Attac, il n'est pas sûr qu'elle ait totalement apprécié ce qualificatif cent fois répété.

Les mots ne sont pas seuls à trahir et à porter une version de l'âgisme que je qualifierais de compassionnelle : le langage, jusque dans le ton qu'on emploie, tout entier y contribue, bien souvent sans véritable mauvaise intention, mais jamais non plus sans un arrière-plan dépréciatif ou discriminant. C'est le cas de la vieille dame qui se voit consignée à la maison « pour ne pas risquer de prendre froid » ou à laquelle on refuse un verre de vin qui « pourrait lui faire mal ». Plus insidieuses encore, toutes les remarques telles que « Vous n'avez pas changé ! » (sous-entendu : vous l'auriez dû) ou « Vous conduisez encore ? », « Quel effort d'être venue jusque-là ! ». Ma dernière expérience n'a pas été la plus plaisante : « On voudrait vous garder encore longtemps… » Derrière toutes ces phrases, une assignation, soit à faire, soit à ne pas faire, mais toujours à ne pas oublier qu'on est de la génération d'avant. Bon sentiment ne fait pas toujours bon effet…

Quand elles s'accumulent, ces injections de « rappel à l'âge » et à ses difficultés entament l'état moral de celui qui les reçoit. La manière dont on nous voit détermine insidieusement celle avec laquelle nous finissons par nous voir. Si on s'étonne de notre présence dans un lieu, n'est-ce pas au fond que nous n'avions pas à nous y rendre ? Si on nous moque d'aimer les couleurs vives, c'est sûrement « qu'elles ne sont plus de notre âge », cette formule pouvant s'appliquer à tant de nos goûts ou de nos plaisirs. Le doute et l'inquiétude qu'elle réveille sont d'autant plus prompts à apparaître que l'âge avance.

Âgisme institutionnel

L'âgisme est aussi institutionnel et ce n'est pas la moindre question. Les barrières d'âge se trouvent à tous les niveaux des codes et règlements, et ceci dans de multiples domaines, du logement aux assurances, de la santé jusqu'au sport, et elles sont de plus en plus vécues à l'égal des « dates de péremption » qui accompagnent de nombreux produits alimentaires et des médicaments, c'est-à-dire mal.

Certains âges limites paraissent justifiés, mais la réflexion amène à considérer que beaucoup d'entre eux devraient en réalité correspondre à l'état individuel de la personne : âge limite d'inclusion dans les essais thérapeutiques, d'admission au don du sang, d'administration de médicaments, etc. Pendant ma vie médicale, plusieurs ont évolué ou se sont assouplis. D'autres âges limites sont purement financiers et mériteraient plus encore d'être questionnés : moindre accès au crédit, conditions plus limitatives et coût supérieur dès l'âge de la retraite.

Âgisme en politique

Âgisme encore, les âges limites d'entrée dans la fonction publique, malgré des évolutions liées, par exemple, au nombre d'enfants ; de même, les limites d'âge pour postuler à des emplois privés ou y demeurer. Là aussi, à bien y regarder, beaucoup sont sans fondement.

Mais de très loin, la mesure la plus radicale et la plus discriminante est l'âge légal de la retraite, sujet envisagé individuellement tellement il est au cœur des enjeux de la transition démographique.

Les discriminations liées à l'usage du numérique ne concernent bien sûr pas que les âgés, mais ils sont majoritaires à ne pas avoir acquis aussi facilement que les plus jeunes les automatismes nécessaires. Le numérique est une sorte de langue maternelle, d'autant plus facile à acquérir que son apprentissage est précoce. Nombre de personnes âgées ou à faibles revenus ne disposent pas d'un ordinateur et il est aujourd'hui purement discriminatoire d'imposer l'usage d'Internet, sans prévoir de recours de forme traditionnelle, pour toute formalité. Ce point figure dans le groupe de tête des revendications mises au jour par le « grand débat ».

Les services fiscaux ont fait une véritable faute en décidant d'une pénalité d'un montant représentant 0,2 % des sommes déclarées pour toute personne utilisant les formulaires papier et le chèque pour la déclaration et l'acquittement des sommes dues. Le tollé a été si général que la mesure a été suspendue ; légitimement, car elle aurait pu constituer l'objet d'un recours pour discrimination auprès du Défenseur des droits, comme beaucoup des exemples précédemment donnés.

L'âgisme fait florès en politique, et la presse pointe régulièrement l'âge moyen des assemblées élues, Sénat et Assemblée nationale au premier chef. Lors de l'élection législative en 2017, où l'heure était au « renouvellement », le rajeunissement a été présenté comme un but en soi pour les députés comme pour les ministres, avec l'arrivée à cette fonction de huit trentenaires. La politique, porteuse jusque-là de l'idée d'expérience et d'autorité, a ainsi basculé dans le dogme du renouvellement des visages et des âges. Quelques ardents journalistes vont jusqu'à mettre en parallèle l'âge moyen des Français (41 ans) et l'âge des assemblées, comparaison qui est de fait une aberration, puisque la majorité politique est de 18 ans et qu'il faut donc soustraire du calcul 24 % de la population[1].

1. Voir page 170.

L'affaire n'est ni innocente ni sans conséquence. Cet « âgisme » contient en germe le « dégagisme », mot tout différent, mais qu'inconsciemment beaucoup associent. Le dégagisme, utilisé initialement à l'occasion des « printemps arabes » avec le slogan « Dégage ! », s'est appliqué à des potentats d'âge mûr, mais surtout en poste depuis de longues années. Il exprime aujourd'hui la volonté de renouveler les générations et, de fil en aiguille, de remplacer les plus âgés par de plus jeunes. L'objet doit être, au contraire, de limiter l'excessive répétition des mandats.

Cette confusion entre âge des élus et cumul des mandats dans le temps ne va pas sans inquiéter, non pas à titre individuel, mais à titre sociétal. Les courbes démographiques, que l'on feint encore trop souvent d'ignorer, démontrent que les plus de 60 ans constitueront bientôt le tiers de la population française, ce qui est d'ailleurs déjà le cas en Nouvelle-Aquitaine. Nous devons soutenir qu'ils soient représentés au plus près de leur proportion dans la population.

Plus grave encore, si l'on peut dire, ces « 60 et plus » sont majoritairement en bon état, actifs et désireux de contribuer à ce nouveau monde dont ils constituent la plus grande nouveauté avec la longévité. Du fait de ce bon état, les boomers seront, sont déjà, les premiers émancipés de l'âge, c'est-à-dire ne le vivant pas comme un poids et moins encore comme une identité. À eux aujourd'hui d'installer dans les faits cette participation.

Le champ professionnel, loin d'être épargné

Une de mes amies, à la tête d'une entreprise dont l'objet est de s'adresser à un public âgé et de valoriser son rôle, a été sans délicatesse excessive poussée hors de son poste en raison… de son âge. Exemple caricatural qui démontre ce que nous ne savons que trop : l'âgisme sévit bien au-delà du champ politique. Toutes les professions en sont atteintes par le biais, bien sûr, de l'âge légal de départ à la retraite, mais peuvent le subir bien avant l'heure. À l'âge de 40 ans, m'étant inscrite sur la liste d'aptitude aux fonctions de professeur des universités, le président de mon université a eu ces mots que je n'oublierai jamais : « Vous êtes trop vieille pour être promue. »

Pour contrer cet esprit, plusieurs universitaires de ma connaissance ont suivi l'exemple du Pr Luc Montagnier, « découvreur » du virus du sida, qui, ne pouvant plus poursuivre son activité de chercheur en France, a intégré une université américaine où la seule limite est le nombre de travaux et de publications. L'absence de prise en considération de l'âge chronologique finira par s'imposer au regard de la durée de vie en bon état, mais plus stimulant serait de l'envisager et de la faciliter d'ores et déjà.

La mise à l'écart d'un salarié jugé comme trop lent ou moins investi est monnaie presque courante. L'absentéisme, plus fréquent après 50 ans, participe de cette attitude, mais c'est aussi l'absence de possibilité de progression, la disparition fréquente de toute formation dans la dernière décennie de travail qui favorisent un défaut d'investissement. Les managers et les directeurs de ressources humaines sont insuffisamment ouverts à la mise en valeur et à l'évolution des postes et des fonctions. Attribuer à un salarié d'expérience des missions de formation, de partage de savoirs et de parrainage peut être une occasion de valorisation. Les salariés concernés ne doivent pas être passifs en la matière et proposer d'eux-mêmes de nouvelles attributions. Pour être bien connues, ces questions sont peu traitées. L'attention des plus jeunes envers des salariés plus âgés doit être du même ordre que celle d'un salarié expérimenté vis-à-vis de quelqu'un qui débute.

L'âgisme s'associe souvent au sexisme, sans doute parce qu'il trouve un terrain favorable auprès de femmes qui ne s'interrogent que trop souvent sur leur aptitude, le fait d'être ou non « dans le coup », ainsi que sur leur apparence dans l'exercice de leur fonction comme en dehors.

Les dégâts de l'âgisme, quelle qu'en soit la forme, sont considérables. Insidieux ou brutaux, ils correspondent à un impact psychologique très lourd, même s'il n'est pas toujours reconnu comme tel. Dans une période de la vie où les difficultés, voire les épreuves, ont tendance à se multiplier (problèmes de santé, séparation, deuils, réduction des revenus, etc.), une mise à l'écart, un reproche de moindre rentabilité ou de difficulté à « suivre le mouvement » peuvent être dévastateurs. Des réflexions que l'on croit innocentes, voire bienveillantes, peuvent aboutir à une perte d'estime de soi et au repli.

L'âgisme contre soi

Dans la première année de la retraite, où chacun s'interroge sur son rôle et sur son identité, la moindre manifestation d'âgisme a un retentissement particulier, et c'est alors la personne elle-même qui développe un âgisme contre soi. Le manque d'obligation à le faire réduit l'envie de sortir, et le chemin est court vers l'enfermement, le refuge dans des tâches que l'on fait semblant de croire utiles. Ce qui était avant une journée de repos, où l'on jouit de ne pas avoir à se plier à un horaire, se transforme en jours et en semaines de croissant mal-être accompagné bientôt de douleurs physiques et de sentiment d'incapacité.

L'âgisme le plus dangereux est, en effet, celui que l'on développe contre soi-même. Il évolue immanquablement vers un sentiment de culpabilité et de dépréciation, qui fait bien souvent le lit d'un état dépressif.

Combien de fois ai-je entendu, lors de mes permanences d'élue, dans la bouche de personnes âgées ou très âgées, lesquelles venaient seulement dans le but de faire respecter leurs droits ou leur personne : « Je sais, je suis vieille, je devrais être morte à mon âge. » Ou encore, moins radical, mais tout aussi dramatique : « Je ne sers plus à rien », « Les vieux, ça coûte... ».

Avouons que les politiques ont quelquefois prêté la main à cette culpabilisation. Quand le président Nicolas Sarkozy avait encore la volonté de faire « la réforme de la dépendance », le discours politique était tout entier centré sur le coût de la « prise en charge » de cette dépendance pour les finances publiques. L'abandon de la réforme pour ce motif a encore ajouté à plomber le vécu des personnes concernées. Les mots « dépendance », « charge », « coût », « poids » sont déjà peu attrayants, mais l'idée de vider les caisses de la Sécurité sociale (que pourtant on a contribué à remplir), s'ajoutant à celle de constituer une charge pour ses enfants, a induit un sentiment de culpabilité pour des personnes ayant atteint un âge qu'elles ne pensaient pas atteindre, leurs parents étant le plus souvent morts plus tôt.

Le paroxysme de ce type de message négatif revient au vice-Premier ministre japonais Tarō Asō, qui en 2013 invitait les vieux à tirer leur révérence avant l'heure et sous-entendait (à peine) qu'ils agiraient ainsi pour l'intérêt général et le bien-être collectif. Dans ce pays, qui a une longue culture de la « mort volontaire » et qui connaît tout à la fois le plus fort taux de suicide et la plus longue espérance de vie, on peut craindre qu'il n'ait été que trop écouté. Aujourd'hui, ce sont des campagnes de soutien aux personnes âgées et de prévention du suicide qui se développent dans le pays. Les injonctions perdurent pour autant, mais elles concernent cette fois les adultes auxquels on enjoint d'avoir au moins trois enfants pour bénéficier dans leurs vieux jours du soutien de la collectivité.

Nous n'en sommes pas là, ou du moins nous le croyons. Les manifestations d'âgisme sont non seulement délétères par leur impact sur le regard porté sur l'âge, mais elles font trop souvent le lit de la dépression.

La dépression du sujet de plus de 65 ans est fréquente, beaucoup plus qu'on ne le croit et donc plus qu'on ne l'identifie et la traite correctement. Dans un cas sur trois, il s'agit d'une dépression majeure, aliénante ; dans les deux autres, d'un état dépressif dit « mineur », toujours difficile à reconnaître parce qu'on le confond avec une conséquence de l'âge ou de sa mauvaise acceptation. Le mélange d'absence d'envie, de sentiment d'inutilité et de perte d'estime de soi, s'il perdure, retentit sur l'état physique, par exemple, sous la forme d'une perte ou d'un gain de poids, et il doit alerter et susciter un avis médical. 10 à 15 % des âgés traversent, à des degrés variables, ces états dépressifs et les dénient, parce qu'ils n'ont pas d'antécédents de cet ordre et qu'eux-mêmes attribuent leur malaise à leur nouvelle situation de vie. Le sentiment de désintérêt peut s'accompagner de troubles de l'attention et de la mémoire qui font croire à des signes prémonitoires de maladie d'Alzheimer et aggravent l'inquiétude, alors qu'un simple traitement leur permettra de retrouver leur vitalité antérieure.

#GreyToo

La maltraitance, au sens d'abus de la confiance des âgés est, elle aussi, universelle. Les exemples défrayent souvent la chronique, mais beaucoup plus souvent restent ignorés. Factures excessives, travaux inutiles, abus d'identité de la part de démarcheurs de tout poil, promesses de gains mirifiques, l'éventail des possibilités de soustraire de l'argent et de spolier les âgés est infini. Là aussi, une solidarité intragénérationnelle paraît très nécessaire pour éviter d'en arriver aux rigueurs des démarches judiciaires, qui inquiètent ou même épouvantent les âgés fragiles. Pouvoir prendre l'avis d'un pair de confiance expérimenté du fait de son activité professionnelle antérieure serait d'un grand recours pour sécuriser des démarches ou des décisions impliquant des coûts. Le volontariat civique senior serait susceptible d'apporter cette sécurisation. La maltraitance à l'égard du grand âge est évoquée à ce chapitre.

L'âgisme est délétère pour la société tout entière et nous sommes, le concernant, au stade où l'on était il y a cinquante ans pour le sexisme. Les boomeuses ont alors secoué les mentalités et les pratiques. Leurs mouvements et leurs actions souvent spectaculaires ont été à l'origine d'une suite de lois qui ont substantiellement amélioré la situation des femmes et l'égalité entre les sexes. L'enjeu d'une société sans barrières d'âge et sans discrimination est aujourd'hui d'égale importance. Il ne faut pas plus minimiser les images ou propos dépréciatifs de l'âge, que l'on combat, les propos et attitudes sexistes, le harcèlement ou les images réduisant la femme à un objet sexuel. On ne peut pas accepter aujourd'hui qu'un numéro d'urgence existe pour une femme harcelée dans les transports publics, alors que celui qui concerne un âgé que l'on malmène, que l'on insulte ou que l'on humilie, le 3977, reste méconnu du public et pratiquement sans moyens financiers. L'opinion publique ne s'est pas – ou très peu – emparée de ce sujet, et il est certain que ce sont bien les boomers qui feront bouger cette inertie en démontrant qu'il ne s'agit pas d'un objectif individuel, mais bien d'un enjeu sociétal. Il serait très signifiant, par exemple, qu'un hashtag comparable à #MeToo (proposons, par exemple, « #GreyToo ») envahisse les médias sociaux à chaque expression d'âgisme ou de maltraitance.

Hélas, point de ministre à la Transition démographique qui pourrait mener l'entièreté du combat pour une société participative et sans barrières d'âge. C'est une nouvelle tâche pour la génération boomer, peut-être plus difficile encore, car, s'il est assez évident de se reconnaître comme femme, il est moins spontané de s'assumer comme âgé. Et c'est justement là le cœur de la bataille : assumer son âge pour mieux s'en émanciper.

La vieillesse n'est plus un naufrage, mais la longévité est toujours un combat

La longévité est de manière certaine un combat : d'abord à titre individuel, mais bien plus encore d'un point de vue sociétal et politique. Chacun doit s'y engager pour en finir avec les humiliations, les pertes d'énergie, la non-participation et la non-valorisation.

Les générations qui nous ont précédés ont eu bien souvent la conscience d'avoir survécu. Avoir survécu parce qu'un ou plusieurs de leurs frères et sœurs étaient morts enfants et souvent même à la naissance, ce qui était monnaie courante au début du siècle dernier ;

survécu à l'une ou l'autre des grandes guerres, survécu à la Shoah, et ce sentiment, ajouté à la culpabilité des Allemands de l'époque, a marqué particulièrement les jeunes Allemands du juste après-guerre. Pour la majorité d'entre nous, cependant, cette « philosophie de survivant » s'est globalement dissipée. À l'échelon individuel, elle demeure pour ceux qui ont perdu un très proche du fait du sida, qui ont guéri d'un cancer difficile à soigner ou été seuls à échapper à un accident de la route meurtrier.

Pour la très grande majorité des boomers, cette morale du survivant est en voie de disparition. La culpabilité, quand elle existe, est tout autre : nous craignons d'être un poids pour nos enfants quand nous en avons, ou pour la société qui ne nous le susurre que trop souvent. L'inquiétude levée par l'augmentation du nombre d'humains sur terre commence à se manifester même si elle n'a pas encore atteint le point où l'on fixera un âge limite de vie, à partir duquel il conviendra d'arrêter tous les soins. D'ores et déjà, 40 % des Belges se disent favorables à l'arrêt des soins après 85 ans...

À titre individuel, cependant, les grands âgés retrouvent au fil des années qui passent cette culpabilité d'être parmi les derniers à survivre. Mon père, que des personnes de sa génération venaient saluer en de multiples occasions, m'a avoué alors qu'il s'était donné pour règle de ne plus dire « Comment va votre épouse (ou votre mari) ? » au risque d'entendre « Elle (il) est morte (mort) il y a deux ans... », ce qui le remplissait de confusion. Il préférait désormais : « Comment va la famille ? » En le racontant, il ajoutait pour moi en souriant : « J'espère toujours qu'un au moins est encore en vie… » Oserais-je dire que je commence à suivre son conseil ?

« Tous les êtres humains naissent libres et égaux en dignité et en droits », mais qu'en est-il après ? Il n'est pas insignifiant que l'article premier de la Déclaration universelle des droits de l'homme, dans sa version onusienne de 1948, place la liberté avant les droits, mais qu'en advient-il longtemps après la naissance ? La longévité n'était alors sans doute pas suffisante pour que l'on se préoccupe de l'évolution de ces « libertés, droits et dignité » avec l'avancée en âge. Le constat est aujourd'hui malheureusement que les années affaiblissent et entament les unes et les autres, et une plateforme européenne s'est chargée d'y veiller et d'informer des manquements (AGE Platform Europe).

Hors de la solidarité naturelle, et je l'espère instinctive, entre les générations, il n'y a à l'encontre de l'âgisme et de toutes les formes de maltraitance et de discrimination liées à l'âge qu'une réponse : celle des libertés et des droits.

La Déclaration universelle des droits de l'homme devrait y pourvoir. Si chaque mot en était appliqué toujours et partout dans la complétude de son sens, alors il n'y aurait lieu de lutter ni contre le racisme, le sexisme, ni non plus contre l'âgisme. Concernant ce dernier, on constate au contraire dans la pratique que les droits et libertés de la personne âgée s'affaiblissent avec l'avancée en âge, et que le grand âge, comme l'enfance, justifie de droits particuliers liés à un état de vulnérabilité.

IV

Les « Trente Pleureuses »

Le grand âge

Nul boomer n'est présentement dans le grand âge, mais nul non plus ne l'ignore, ne l'imagine pas, ne le côtoie pas et ne cherche pas à le préparer pour le retarder. Son vécu est aujourd'hui la matière d'une profonde réflexion par les grands âgés eux-mêmes.

Le grand âge, c'est celui qui correspond à la vieillesse d'autrefois, dont on ne sait pas bien dire quand il commence (et peut-être est-ce tant mieux) même si on ne sait que trop comment il finit ; celui qu'on ne peut pas nommer mieux que par « grand âge », car même s'il signifie une diminution, une perte, il suppose un combat, à la fois pour y parvenir et pour le vivre. Oui, cet âge est « grand » ; c'est celui du respect, de l'hommage, du soutien. C'est le deuxième temps de l'âge.

Les financiers, se basant sur l'évolution des frais de santé, disent que le grand âge commence huit ans avant la mort. Comme, heureusement, nous n'avons pas été programmés pour connaître la date de notre mort, voilà qui nous avance assez peu. Je préfère dire : l'âge des pertes d'autonomie pas ou peu réparables, l'âge du ralentissement de soi et du rétrécissement des possibles.

Quelquefois, mais de manière non inéluctable, celui de la perte cognitive ; plus souvent, celui d'une intelligence qui fonctionne différemment, moins fluide, plus cristallisée, mais peut-être d'autant plus riche.

On n'y entre pas d'un seul pas, comme on franchirait une porte. Il existe un vestibule : le temps des « fragilités ». C'est désormais un concept médical « breveté » par la littérature scientifique de langue française comme de langue anglo-saxonne (*frailty*), laquelle distingue trois étapes au chemin de l'âge : la robustesse, la fragilité et la dépendance. La période de fragilité, elle aussi plus ou moins longue, est celle d'une accumulation de petites, ou moins petites, pertes d'autonomie qui peuvent être encore réversibles si elles sont décelées à temps. Marche lente, à petits pas, sentiment d'insécurité, perte de poids et d'appétit, ralentissement de l'idéation... Tout cela peut encore se corriger à condition d'un diagnostic précoce et d'un accompagnement médical et paramédical ; et, plus encore, social, amical, familial...

Le temps des fragilités

La « fragilité », c'est ce qu'était la vieillesse des anciens à partir de 40 ans. Montaigne, dès cet âge, s'estime « engagé dans les allées de la vieillesse ». Érasme écrit son *Poème sur la vieillesse* à 37 ans : ses cheveux chenus l'avertissent que « l'âge en son déclin voit s'approcher l'hiver, la vieillesse glacée ». Ronsard, à 38 ans, noircit encore le tableau avec son *Ode* :

J'ai la dent noire et le chef blanc
Mes nerfs sont dissous, et mes veines,
Tant j'ai le corps froid, ne sont pleines
Que d'une eau rousse en lieu de sang.

Les « vieilles » ne valent guère mieux et, comme aucune ne s'est exprimée, nous n'en avons conservé que ce qu'en voient les hommes et le dégoût qu'elles leur inspirent. Érasme y va à la louche : « Ces femmes décrépites ; ces cadavres ambulants, ces carcasses infectes qui exhalent partout une odeur sépulcrale… » Il se révolte à la seule idée qu'elles veuillent « réveiller la vigueur de leurs amants », comme le fera aussi Clément Marot :

Veux-tu, vieille ridée, entendre
Pourquoi je ne te puis aimer.

Quand les premiers lexicographes voudront plus tard définir la vieillesse, ils la situeront entre 40 et 70 ans. En 1679, Richelet définira ainsi le vieillard comme « un homme entre 40 et 70 ans, d'ordinaire soupçonneux, jaloux, avare, chagrin et se plaignant toujours ». Leurs homologues féminines sont plus mal loties encore : « Les vieilles sont fort dégoûtantes. Vieille décrépite, vieille ratatinée, vieille roupieuse. »

Bref, pour beaucoup la dureté du travail et la pauvreté, pour tous l'inexistence de l'idée même d'une quelconque chirurgie réparatrice comme de tout traitement contre l'inflammation ou la douleur ont privé, pendant des siècles, nos aïeux de la période de

« robustesse » des âgés d'aujourd'hui. Ce ne sont que des individus exceptionnels qui l'ont connue, et les dernières années n'ont été, pour eux aussi, que douleurs et impotence, réduisant la vie à un périmètre minuscule et débouchant sans ménagement vers la mort. Ce temps était celui du confinement près de la cheminée, de l'« édentation » qui empêchait de se nourrir et qui altérait la parole, et enfin de la « décrépitude ». Ce mot était l'antienne permanente de toute description de l'âge. Il est aujourd'hui pratiquement sorti du vocabulaire, avec beaucoup d'autres. Nos académiciens, pour nombre d'entre eux experts en ce domaine, seraient d'ailleurs bienvenus à rajeunir activement le vocabulaire de l'âge.

À quel âge, le grand âge ?

Le grand âge survient aujourd'hui beaucoup plus tard et la période de fragilité qui en fait partie le retarde encore si elle est bien accompagnée. Sa durée prolongée, confortant la longévité globale, fait qu'il peut plus souvent que dans les siècles passés évoluer vers la démence, qu'elle s'appelle « démence sénile » ou « maladie d'Alzheimer », dont la fréquence de survenue est proportionnelle à l'âge. Tant d'autres organes ayant été réparés au cours des décennies antérieures, tant de maladies soignées et guéries, que c'est le cerveau qui paraît désormais tirer sa révérence le premier, alors qu'il avait beaucoup moins l'occasion de flancher quand nous mourions plus jeunes. Mais même lui, si nous l'entraînons, accepte de retarder encore son retrait. Le cerveau est au contraire de la pile Wonder : il ne s'use que si on ne s'en sert pas.

Alors à quel âge, le grand âge ? Bien fol qui peut lui fixer un top départ ! L'âge moyen de 85 à 87 ans où l'on entre en maison de retraite est un indice. Et quelle durée ? Là aussi, les Ehpad fournissent un indice, la durée moyenne de vie en maison de retraite étant de 3,8 ans (avec des variations suivant le type d'Ehpad). Mais qui peut dire que la même personne, entourée socialement de ceux qu'elle aime et qui l'aiment, à la curiosité stimulée et recevant quotidiennement des preuves qu'elle compte pour son entourage, n'aurait pas vécu plusieurs années supplémentaires ?

N'éprouvant aucune volonté de précipitation, moins encore le désir de fixer une barrière qui ne serait qu'aléatoire, je préfère affirmer qu'aucune limite n'est indépassable ; et nous avons tous autour de nous des personnes d'un très grand âge qui donnent envie de vieillir comme elles, et aussi longtemps.

L'épreuve du grand âge

Le sociologue Danilo Martuccelli[1] enseigne que la vie est une suite d'« épreuves » et il en dénombre huit parmi lesquelles le travail, la famille ou la vie urbaine. La huitième et dernière, à laquelle je souscris le plus, est l'épreuve du grand âge. Il la considère comme

1. Dans « Les deux voies de la notion d'épreuve en sociologie », *Sociologie*, vol. 6, 43-60, 2015.

« en grande partie inédite », alors que n'est inédite que sa survenue très tardive. L'épreuve de la vieillesse auparavant connaissait les mêmes pertes et le même risque de retrait du monde.

La plus grande différence est aujourd'hui la longueur de la période antérieure, entre vie professionnelle et grand âge. Cette période n'a pas vraiment de juste nom : « âge mûr » autrefois, « robustesse » pour les gériatres, « temps des seniors » dans le vocabulaire journalistique. Personne n'a risqué encore « seniorité » ni « senioritude », ce second terme, à l'instar de « négritude », démontrerait pourtant que c'est un état qu'il n'est pas tout à fait simple d'assumer.

Le grand âge est considéré par l'auteur italo-français comme l'épreuve des « déprises » (déprise du milieu professionnel, de l'actualité, des sollicitations extérieures, etc.), à laquelle chacun répond par des attitudes différentes selon son caractère et l'état où il est au moment de la prise de conscience de l'« épreuve » : « adaptation » pour certains, c'est-à-dire compensation, par divers subterfuges (utiliser des instruments spécifiques, comme les prolongateurs, les robots, etc., quand on ne peut plus laver ses vitres soi-même) ; « abandon » pur et simple pour d'autres, quand on se décide à faire appel à un tiers ou à quitter son domicile ; « rebond », quand on passe d'une activité à une autre en s'y investissant (je ne peux plus courir, mais je m'exerce à la marche nordique). Tous ces exemples sont les plus simples et les plus concrets, mais les trois attitudes s'enfoncent beaucoup plus profondément dans les modes et les choix de vie. « On naît multiple, on meurt un », écrivait Paul Valéry.

Cette analyse est très forte, et les déprises s'imposent au cours des ans : déprise d'activités qui deviennent difficiles ou auxquelles on ne s'intéresse plus, perte de proches, moindres occasions d'engagement, rejet d'une vie sociale et/ou politique que l'on ne comprend plus. Il n'est pas question de nier ces déprises : elles surviennent. Le drame serait que, se cumulant, elles confinent au retrait du monde présent. Beaucoup de grands âgés, après avoir augmenté leur temps devant la télévision, finissent par la rejeter totalement. D'autres ne s'investissent plus que dans leur descendance, faisant d'un petit-fils qui réussit à l'école le porteur de ce qu'on a été ou voulu être, mais abandonnent ainsi le vrai soi.

C'est la volonté et l'analyse de ce non-abandon du monde qui sont aujourd'hui au cœur de la réflexion de ceux qui, venus pourtant avant eux, partagent l'exigence des boomers de prendre leur propre vieillissement en main.

Plus très jeunes, mais pas si vieux

Le grand âge peut ainsi s'assumer en en faisant un sujet d'exploration et d'expertise, sans rien méconnaître des difficultés qu'il faut dépasser au quotidien. Marie-Françoise Fuchs, fondatrice de l'association OLD'UP[1], témoigne, ne serait-ce que par le choix

1. www.oldup.fr

de ce mot malicieux, que « l'esprit ne manque pas aux vieux », comme non plus la volonté d'exister et de participer à la construction de l'avenir. Non, les vieux ne sont pas là que pour transmettre.

OLD'UP exprime dans de nombreux ouvrages cette volonté de s'approprier son propre vieillissement, d'en devenir l'expert et même l'inventeur pour parcourir en liberté le temps qu'il représente. Quand l'investissement pour la famille diminue, l'association invite à se créer de nouveaux réseaux d'amitié et de dialogue, d'approfondir ses objets d'intérêt, et à exercer son intelligence pour « donner du sens à une tranche de vie qui n'existait pas jusqu'alors ». OLD'UP constitue un authentique groupe de réflexion et de recherche sur le grand âge par les grands âgés eux-mêmes, ce qui en constitue l'élément nouveau. Ajoutons que ce groupe réunit des philosophes, des médecins, des scientifiques et bien d'autres. Autant de « jeunes gens » nés entre 1925 et 1945, dont plusieurs continuent à publier des livres ou siègent dans de hautes instances, qui sont à la recherche d'une philosophie de vie correspondant à ce grand âge, et l'assument comme un choix, comme une construction réfléchie et non comme un renoncement.

Cette formule de « grands âgés », qui relègue des siècles derrière elle le mot « vieillard », prend toute sa dimension par la volonté forte qu'elle exprime. Cette volonté est en premier lieu de finir sa vie comme on le choisit. Pour la concrétiser, une association en lien avec OLD'UP, Vieux et chez soi, s'exprime régulièrement sur le sujet et on ne peut que souscrire à ce souhait très signifiant, tout en connaissant les difficultés et les risques.

Une tribune parue dans le quotidien *Libération* du 25 mai 2017 sous le titre « Vieux et chez soi », signée par une pléiade de grands noms de la philosophie, des sciences dures et des sciences humaines, a secoué les consciences sur le sujet et invité à « réfléchir ensemble » pour le rendre possible. Vous n'y trouverez nulle recette, nulle boîte à outils pour parvenir à cette liberté jusqu'au bout, rien d'autre qu'un concentré d'intelligence et d'énergie.

Intelligence et énergie sont d'autant plus mises à l'épreuve dans des situations de solitude et d'isolement, celles-ci spécialement fréquentes en l'absence de liens familiaux, même géographiquement éloignés.

Les non-parents, ces grands oubliés

Les non-parents, que l'on peut qualifier aussi de « sans famille » bien que les deux mots ne soient pas entièrement superposables, devraient interroger beaucoup plus que ce n'est le cas la question du grand âge. Rien n'est plus difficile à établir que le nombre de ces « non-parents » en France aujourd'hui, d'abord parce que des « non-parents » peuvent ne pas le rester, naturellement ou par adoption, ensuite parce que les statistiques portent principalement sur la nuptialité (en couple ou pas), elle-même soumise à variation au cours de la vie. Enfin, parce que les limites permettant d'assurer qu'un non-parent peut devenir père ou mère biologique ne sont pas les mêmes selon le sexe et risquent aussi d'évoluer avec les progrès médicaux, s'ils sont suivis de dispositions législatives.

Par convention, on considère que ceux qui ont atteint 45 ans ont peu de chance de devenir parents biologiques. Avec force formules mathématiques, on établit qu'aujourd'hui environ 20 % des hommes et 7 % des femmes demeureront sans descendance. Pour les femmes nées en 1970, une étude de 2013[1] (elles ont alors 43 ans) estime que 13,5 % d'entre elles n'auront pas d'enfants.

Ce pourcentage approximatif de « non-parents » a grandement évolué selon les périodes : 25 % des femmes nées en 1900 sont demeurées sans enfant, ceci étant lié au nombre considérable d'hommes tués à la guerre. Ce taux n'a pas cessé de descendre jusqu'à l'après-Seconde Guerre mondiale (naissances des boomers comprises), mais il a commencé à remonter dans les années 1970 du fait de la pilule, de la légalisation de l'avortement, de l'accès des femmes aux études supérieures, mais aussi du choix d'un nombre croissant d'entre elles de demeurer indépendantes et de « ne pas s'occuper de quelqu'un toute sa vie ». Si les boomeuses sont nées massivement, elles sont loin d'être mères en proportion.

Les « non-parents » masculins sont aujourd'hui approximativement 10 % (12 % chez les ouvriers et 11 % chez les agriculteurs, 7 % chez les cadres et 30 % pour les hommes n'ayant jamais travaillé). Il

1. Étude Insee, 2013.

s'agit d'un groupe plus hétérogène encore que les femmes : choix individuel, préférences sexuelles, infertilité, isolement et/ou lourdeur du travail pour les agriculteurs et les ouvriers ; autant de schémas très différents qui ne permettent d'isoler un groupe qu'en considérant les conséquences de cette non-parentalité.

Ces chiffres, malgré la marge d'incertitude qui les entoure, démontrent que les âgés isolés sont nombreux, plus que dans les décennies précédentes. Beaucoup, en plus d'être sans enfant, n'ont pas formé de couple ou sont séparés. Tous n'ont, pas davantage, de familles proches et certains « inventent » de nouveaux modèles de vie tels que la maison des Babayagas ou le projet de Maison de la Diversité.

Ces options ne couvrent pas toutes les situations, qui sont multiples et souvent délicates. Ces « sans famille » n'ont aussi que rarement organisé et prévu leur situation de « non-parent senior », certains, comme les homosexuels masculins qui ont traversé la période où le sida était mortel, parce qu'« ils ne pensaient pas vieillir ».

Pour ceux-là, bien évidemment, se pose la question des proches aidants[1]. Outre de ne pas être parents, si certains appartiennent à des communautés, nombreux sont ceux qui sont également éloignés de leurs collatéraux, voire de leurs ascendants.

La question de la perte d'autonomie et de l'accompagnement de ces non-parents mérite d'être plus clairement posée, ce qui n'est qu'exceptionnellement le cas. Aux États-Unis, où l'on considère que 23 % des

1. Voir page 279.

boomers âgés sont seuls, ils sont appelés *solosenior*s ou même *elder orphans* (« orphelins âgés », terme qui suppose une situation triste et qui est porteur d'une nuance de culpabilité ou de regret, qui méconnaît le fait que beaucoup sont seuls par choix). Des publicités pour résidences services ou résidences associatives les visent nominativement.

L'anticipation de la situation par les personnes elles-mêmes est bien sûr souhaitable : choix d'un logement regroupé, désignation d'une personne de confiance et, ultérieurement, choix d'un mandat de protection future, mais elle n'est pas toujours aisée. Cela reste un champ à explorer : ces non-parents sont les oubliés du grand âge.

La vieillesse peut être un naufrage, mais la longévité est toujours un combat

On connaît la phrase de Chateaubriand « la vieillesse est un naufrage », que le général de Gaulle a rendue célèbre : il réglait en réalité son compte au maréchal Pétain, mais ne désignait aucunement la vieillesse en général, et moins encore la sienne.

La vieillesse peut bien sûr être un naufrage, même si c'est au fond le but de toute une vie qu'elle ne le soit pas. Mais la longévité est toujours un combat : pas un ou une centenaire, moins encore un « super-centenaire », qui n'en soit la preuve.

Récemment, à Bordeaux, un maire de 97 ans et cinquante ans de mandat s'est exprimé longuement, debout en face du président de la République Emmanuel Macron, rappelant au passage qu'il avait fait trois guerres (en 1940-1945, puis à Diên Biên Phu et dans les djebels algériens). Ce passé combatif et son engagement dans son mandat de maire ne sont sans doute pas pour rien dans son beau titre de « doyen des maires de France » ; ajoutons qu'il s'est déclaré candidat pour les élections municipales de 2020.

De même, dans une maison de retraite, la doyenne (c'est plus souvent le cas que le doyen) est toujours (hors maladie d'Alzheimer) celle qui parle le mieux, s'habille avec le plus de soin, s'applique à manger sans aide, bref, fait le plus d'efforts ; ces petits efforts si pesants du quotidien qui demandent une combativité sourde qui ne fléchit sur rien. « On ne trébuche pas sur une montagne, mais sur un petit caillou » : la vieillesse voit les petits cailloux augmenter en nombre et se trouve obligée à la contrainte de devoir veiller à chacun d'eux.

On se réconfortera, pour faire face à cette obligation d'attention et d'effort, en allant à la recherche des octo et nonagénaires, et même centenaires, qui ont fait à cet âge de grandes choses. On s'émerveillera des doyennes et des doyens de l'humanité, même si la médaille d'or de Jeanne Calment a été contestée par des chercheurs russes. J'ai pour ma part remis le Mérite agricole au nom du ministre Stéphane Le Foll à une dame de 107 ans. Elle avait « tenu » jusqu'à ce jour à force de volonté, et elle est morte les jours suivants. Un pensionnaire d'Ehpad, très bien élevé, m'a un jour abordée : « Vous savez, madame, quelquefois le temps me paraît long. » Un silence, puis il a ajouté : « J'ai 110 ans. » Je n'ai pas osé, sur le moment, lui demander s'il s'agissait des journées dans la maison de retraite, ou de la longueur de sa vie et me suis contentée de le féliciter pour cette longévité en utilisant toujours ce même argument de combativité auquel il a souscrit et qui lui a fait du bien.

Alzheimer ou le crépuscule de la raison

La bouche se tait et ne peut plus parler ;
L'esprit est oublieux et ne peut plus
se souvenir d'hier,
Les os sont malades à cause
de la longueur de l'âge.
Le bon s'est changé en mauvais ;
Tout goût s'en est allé.

Enseignement de Ptahloep,
2600 av. J.-C.

La nécessaire bataille de la longévité connaît un obstacle, je dirais presque un démenti : la survenue de la démence et la perte de notre organe sans conteste le plus identitaire, le cerveau.

Quand je faisais mes études de médecine et au-delà, le mot le plus redouté était « cancer », au point qu'on le prononçait le moins possible. Il n'apparaissait jamais dans les nécrologies, voilé par l'expression « longue maladie », jusque dans les conversations. Plus frappant encore, il était parcimonieusement affiché dans les hôpitaux et j'ai dû beaucoup argumenter en 1980 pour obtenir que mon unité porte le nom d'« unité de cancérologie-dermatologie », mais surtout que ceci soit écrit sur les panneaux qui indiquaient sa situation dans l'hôpital et au-dessus de la porte y menant. Dans le CHU de Bordeaux, ce fut la première inscription de cet ordre. Il n'y avait que les centres de lutte contre le cancer où le mot était écrit en clair, mais le moins souvent possible.

Aujourd'hui, le mot suscitant la plus grande inquiétude est « Alzheimer ». Le traitement du cancer a fait de grands progrès et on sait que le cancer est curable dans deux cas sur trois.

Pour la maladie d'Alzheimer, on sait qu'elle ne l'est jamais, et que, pas d'avantage, elle ne peut être prévenue. Elle est devenue le sceau de l'inéluctable, ce qui l'entoure d'une certaine omertà. Si nous savons que de grandes personnalités américaines (Ronald Reagan, Charles Bronson, etc.) en sont atteintes, le mot n'est jamais ouvertement prononcé en France, et ce diagnostic n'est connu que « sous le manteau », comme s'il s'agissait d'une maladie honteuse, alors que c'est seulement la crainte et l'angoisse qui le font taire.

Le crépuscule de la raison

Les termes « maladie d'Alzheimer » sont impropres : ils recouvrent, dans leur usage public, des formes différentes de démence, mais toutes partagent le même pronostic et la même absence de traitement ; la confusion dans le langage courant est de fait sans conséquence.

Mais s'agit-il bien d'une maladie ? Dans une société où le déni de la mort demeure très important, certains voient dans cette dénomination une sorte d'échappatoire à la prise de conscience de l'inévitable sénescence du cerveau[1]. L'augmentation de sa fréquence avec la longévité, sa survenue proportionnelle à l'âge peuvent plaider en ce sens. Un argument contraire est le caractère spécifique des lésions cérébrales qui la sous-tendent, mais reconnaissons que le débat n'est pas clos. Il a gagné de l'ampleur avec le déremboursement des médicaments qui étaient censés la soigner et qui cautionnaient le diagnostic de « maladie ». Si un médicament est remboursé, c'est bien qu'il sert à quelque chose, et ce seul raisonnement était générateur d'espoir jusqu'à la décision, scientifiquement légitime, de ne plus rembourser des médicaments sans utilité et non dépourvus d'effets secondaires.

Si l'on dénie radicalement que ce puisse être une maladie, mais au contraire un processus physiologique de dégénérescence, on ne peut pas plus espérer le soigner qu'empêcher les feuilles des arbres de tomber en hiver ou les papillons de mourir… Au contraire, si l'on retient cette idée de maladie, cela induit la nécessité pour la Sécurité sociale d'en prendre en charge tous les signes, dont la perte d'autonomie ; conception qui

1. Olivier Saint-Jean et Éric Favereau, *Alzheimer, le grand leurre*, Michalon, 2018.

reporterait le financement « dépendance » des conseils départementaux sur la Sécurité sociale.

Si nous acceptons (un peu forcés, quand même) l'idée de mourir, nous avons beaucoup de mal à accepter le caractère inéluctable des troubles qui peuvent y mener. Cela devient presque inconcevable quand il s'agit de notre cerveau qui est, par excellence, notre organe identitaire. Sans rate, privé de son foie ou de son cœur et greffé, on demeure Pierre ou Marie Dupont ; sans cerveau ou avec un cerveau muet, on n'est plus personne – ceci du moins pour soi, car celui qui vient vous voir, qui peut encore toucher, caresser sait bien qui il touche et qui il aime, même s'il a perdu toute possibilité d'échange avec son parent.

Je n'écris pas en médecin sur la maladie d'Alzheimer ou plus généralement sur la démence, mais seulement en personne vieillissante. Tous, nous partageons la même inquiétude, la même angoisse : ne plus « avoir sa tête », ne plus savoir, ne plus connaître, ni reconnaître, ne plus comprendre et moins encore apprendre, ne plus parler, « en naufragés, nous sommes emportés sans boussole ni GPS » (Bihmane Belattaf).

Retarder la maladie

À cela, nous avons un réconfort : si elle ne peut pas se prévenir, la maladie peut se retarder et, de fait, son âge moyen de survenue recule avec l'augmentation de la durée des études et l'évolution des carrières professionnelles de ceux – et surtout de celles – qui arrivent aujourd'hui à l'âge du diagnostic. Les connaissances accumulées au cours des années servent de matelas protecteur ; plus elles sont nombreuses, plus la maladie a du mal à s'installer ou, plus justement, à s'exprimer.

Cette réserve cognitive correspond à un volume de neurones capables de faire face aux lésions cérébrales soit de manière passive, soit en sollicitant de nouvelles voies ou de nouvelles régions afin de résoudre les problèmes posés aux zones endommagées et ainsi retarder l'expression clinique de la maladie.

Concrètement, les analyses de cohortes populationnelles démontrent qu'un haut niveau d'études a un effet protecteur vis-à-vis du risque de démence[1]. D'autres travaux évoquent une relation entre quotient intellectuel et risque de démence, ou encore un retard de ce risque pour chaque année d'activité professionnelle après 60 ans.

Un faible niveau de participation sociale à la retraite, des contacts sociaux peu fréquents, la solitude et l'isolement sont significativement associés à un risque plus élevé.

Beaucoup d'autres travaux ont été publiés, mais ils doivent être examinés avec circonspection (y compris ceux précédemment évoqués), car les facteurs analysés ne sont jamais isolés. C'est le cas particulièrement des facteurs alimentaires, et en particulier de tous les suppléments alimentaires qui ont pu être proposés.

---

1. Jean-François Dartigues *et al.*, « *Epidemiology of Alzheimer disease* », art. cité.

Pour faire simple : la seule chose certaine, c'est qu'il est bon d'avoir fait fonctionner son cerveau… et de continuer. Conclusion identique pour l'activité physique et le corps tout entier : plus d'activité, moins de risque…

Tous ceux qui trouveront (avec raison) cette conclusion un peu lapidaire consulteront avec intérêt le rapport du Haut Conseil de la santé publique « Prévention de la maladie d'Alzheimer et des maladies apparentées[1] ».

Éloignement progressif et premier deuil

Les boomers ont un double privilège : beaucoup ont accompagné ou accompagnent leurs parents dans le grand âge, et tous sont conscients de ce que représente cette perspective pour eux-mêmes. La démence survenant très largement à un âge supérieur à 70 ans, peu sont aujourd'hui personnellement concernés, mais nombreux parmi nous sont, au contraire, les aidants des 850 000 malades actuels, dont six sur dix vivent à domicile.

La maladie évolue six à huit ans et débute par des troubles de la mémoire portant sur des événements antérieurement vécus et par des difficultés de langage. L'aggravation se fait vers une désorientation temporo-spatiale, puis vers une perturbation majeure

1. « Prévention de la maladie d'Alzheimer et des maladies apparentées (MAMA) », Haut Conseil de la santé publique, 22 décembre 2017, www.hcsp.fr.

des comportements et du langage, qui rend la compréhension mutuelle de plus en plus difficile. Vient un moment où l'échange n'est plus possible avec le malade et où sa présence physique ne peut plus masquer son absence cognitive et psychologique. Ce moment n'est pas toujours vécu consciemment par les proches, mais ne reste pas sans conséquences, traduites soit par un sentiment de solitude et de douleur, soit par un état d'anxiété et d'agitation. On appelle ce passage « le deuil blanc », très belle et grave expression devenue partie intégrante du cours de la maladie.

Qu'on l'ait partagée ou non avec un parent, c'est l'impossibilité de décider pour soi-même qui constitue la hantise de chacun de nous. Une mesure peut adoucir cette perspective, c'est le choix du « mandat de protection future », qui consiste à désigner un proche de confiance en cas d'éventuelle nécessité d'une mise sous tutelle ou curatelle. Cette mesure est malheureusement trop peu sollicitée, d'abord parce qu'elle est mal connue et ensuite parce qu'il est infiniment difficile d'imaginer, et donc de prévoir, cet état de dépendance totale pour soi-même.

L'inquiétude personnelle ne doit cependant pas s'arrêter à la survenue de simples oublis (en particulier des noms propres), qui sont bénins et presque « normaux » dans le cours de l'avancée en âge. Un signe méritant, par contre, une consultation mémoire est l'oubli d'un épisode de sa vie ou une difficulté à effectuer des tâches ordinaires qui étaient pratiquement automatiques. Dans ce cas, une consultation spécialisée et la pratique d'une batterie de tests peuvent permettre le diagnostic. Rappelons au passage que, contrairement à une idée courante, les formes familiales ne comptent que pour 1 % des cas.

Guérira-t-on la maladie d'Alzheimer du vivant de la génération boomer, c'est-à-dire, schématiquement, avant 2050 ? Nul ne peut fermement répondre, mais des perspectives de traitements immunologiques ciblant les lésions cérébrales laissent entrevoir la possibilité de faire régresser la maladie, tandis que d'autres essais se focalisent sur le retard de son expression.

Si nous n'avons pas jusqu'alors véritablement guéri le sida (bien que l'on ose ce terme pour quelques cas exceptionnels), les traitements permettent aujourd'hui de vivre avec la maladie, et la non-contagiosité des patients sous traitement permettrait d'enrayer l'épidémie si tous étaient traités. Espérons semblable marge de progression, tout en connaissant le caractère radicalement différent des deux affections.

Guérir la maladie d'Alzheimer, cela signifierait-il conserver un cerveau intact… éternellement ? Cela ne paraît pas plus du domaine du concevable que l'éternité de la vie humaine. Parions seulement que les possibilités de retarder l'expression de la maladie s'améliorent encore et évitent à la grande majorité d'entre nous d'affronter ce diagnostic.

À la hauteur du grand âge

Si la mort est inéluctable, ni la maladie d'Alzheimer ni les autres formes de dégradations cérébrales ne le sont. Le grand âge et la chance que constitue la longévité ne doivent pas être focalisés sur les maladies et les déficiences du cerveau, parce qu'elles n'y sont pas majoritaires et qu'au contraire les grands âgés valeureux, admirables, pleins d'humour ou d'un indomptable courage sont les plus nombreux. Nous en connaissons tous, proches ou personnalités, qui nous ont inspirés et qui ont été portés par un mélange d'exigence envers eux-mêmes, de devoir envers leur entourage et de spiritualité élevée. Même si nous ne le formalisons pas, tous, nous souhaitons être aussi « à la hauteur ».

Dans mon temps de ministre, j'ai eu la chance de rencontrer en tête à tête plusieurs des grands noms qui ont illustré l'âge par leurs écrits, par leur rôle au théâtre ou par leur incarnation personnelle. Louis Schweitzer, Michel Serres, Jacques Lewiner (« l'homme aux mille brevets »), Régis Debray, Bernard Pivot, etc., m'ont donné une impression de densité et de force qui m'a ravie. Jean Piat, mort quatre ans après que nous avons partagé un déjeuner pétillant, m'a séduite par sa finesse et, justement, par son pouvoir de séduction totalement intact. Ce fut le cas aussi pour Alain Delon, dont j'étais la voisine pour une soirée de levée de fonds contre la maladie d'Alzheimer. Non, décidément, nos plus belles qualités ne meurent jamais…

Parmi de multiples figures remarquables de grands âgés dans l'Histoire, celle de Victor Hugo pourrait être avant l'heure celle d'un boomer. Tout comme Tolstoï, Clemenceau ou Golda Meir, Hugo n'a eu besoin que de son extraordinaire vitalité pour s'illustrer par une belle vieillesse, et pourtant il a parcouru un siècle qui ne lui a procuré aucune des facilités mises aujourd'hui à notre disposition.

Si le XIXe siècle avait 2 ans à sa naissance, il en avait 85 à sa mort, ce qui était fort respectable pour le temps. D'une parfaite santé jusqu'à 76 ans, malgré ses deuils et ses épreuves, il affrontera à cet âge une « attaque » dont il se relèvera sans que son humeur, le plus souvent gaie et enjouée, en soit durablement affectée non plus que sa considérable puissance de travail, laquelle sera jusque dans l'exil stimulée par une renommée que les affres de la politique n'entamèrent jamais, au contraire. Le jour de son 79e anniversaire, 600 000 personnes défilèrent sous ses fenêtres pour lui témoigner leur attachement, et ce mot est sans doute le plus juste : il était aimé du peuple, auquel il avait donné une histoire et même une légende.

À 70 ans, il note chaque jour dans ses carnets ses « honteuses aventures », et son appétit pour les jeunes femmes dont il est aimé ne se dément pas. Quelques semaines avant sa mort, à 83 ans, il consigne encore ses performances.

Quel meilleur destin souhaiter à un boomer ? Aimé des femmes, travailleur aussi acharné qu'inspiré, combattant politique jamais vraiment désabusé, « grand-père sans mesure », comme il se qualifiait lui-même, je tenais à le convoquer comme exemple pour notre génération.

Vieillir, peut-être, mais comme Victor Hugo…

Aidants proches ou professionnels : la clef

En 1995, mon père est entré dans un état de grande fragilité lié à un cancer métastatique et j'ai commencé à m'investir auprès de lui d'une manière nouvelle. J'étais une fille, médecin qui plus est, et tout me prédisposait à la fonction d'« aidante », dont j'ignorais jusqu'à l'existence, du moins ignorais-je totalement le mot qui la qualifiait. Mon père était mon père, et le soin dont je l'entourais m'apparaissait comme une évidence. Ce fut ensuite ma mère qui, dans un tout autre contexte, requit mes soins, mais je crois que dans les dix ans de vie qui furent occupés par l'un, puis par l'autre de ce souci permanent et de cette responsabilité, je n'ai jamais même entendu le mot « aidant », alors même que je vivais en milieu hospitalier. J'ajoute que, contrairement au cas où l'enfant d'un employé est malade, il était pratiquement tabou à cette époque pourtant proche d'évoquer le soin à ses parents, ne serait-ce que pour ne pas les révéler en grande difficulté.

Depuis lors, j'ai cherché à savoir quand il avait été introduit dans le vocabulaire du soin au grand âge, sans en trouver vraiment la réponse. L'utilisation qui en est faite est aujourd'hui très commune, et les références deviennent de plus en plus nombreuses à partir des années 2000 : 80 000 résultats s'affichent sur Google en écrivant les six lettres d'« aidant », et les ouvrages qui leur sont consacrés couvrent les étagères des libraires. L'augmentation des cas de maladie d'Alzheimer, puis son introduction dans le débat public ont accompagné la popularisation du mot comme de la fonction d'aidant.

Faciliter la vie des aidants

Le mot « aidant », pourtant, interroge. Son homologue anglais *caregiver* (« qui donne des soins ») aussi, car enfin a-t-on jamais utilisé l'un ou l'autre de ces deux termes quand il s'agit d'un père ou d'une mère s'occupant de son enfant ?

Et en effet, on ne l'utilise, concernant un enfant, que quand celui-ci est en situation de handicap et qu'il va falloir l'accompagner tout au long de sa vie. Pour tous les autres enfants, un parent est un parent et n'a besoin d'aucun autre qualificatif. Ce devrait être le même raisonnement pour l'aide apportée par un fils ou une fille adulte à ses parents, en dehors de la période de grande vulnérabilité. Cette aide devient cependant particulière quand s'y introduit la notion de « prendre soin » ou d'apporter physiquement des soins et, en ce cas, le mot anglais paraît plus explicite.

Le nombre d'aidants en France est très différemment estimé selon l'intensité, la nature de l'aide et la raison de sa nécessité. Je m'en tiens bien évidemment ici aux soins des personnes âgées fragiles, voire lourdement malades, et ce sont alors 3 à 4 millions de personnes qui s'en occupent régulièrement, composées de 75 % de moins de 65 ans, 86 % de membres de la famille, et 80 % y consacrant au moins vingt heures par semaine. 20 à 25 % sont des conjoints, et, s'ils ont plus de temps à y consacrer, ils s'y épuisent bien souvent au point de mourir avant la personne aidée.

Ces aidants, exception faite des conjoints, sont aujourd'hui très majoritairement des boomers. Ils n'ont été reconnus par la loi qu'à l'occasion de la réforme des retraites de 2013 et de la loi d'adaptation de la société au vieillissement (2014) : dans la première, ils conservent intacts leurs droits à la retraite s'ils ont dû interrompre leur activité professionnelle à cause du volume de temps consacré à l'aide ; dans la seconde, leur est reconnu un « droit au répit » financé à hauteur de 500 euros permettant, par exemple, l'accueil temporaire de la personne aidée pendant une semaine en structure spécialisée. Aujourd'hui est envisagé d'ajouter à ce temps de répit une indemnisation de l'aidant lui-même. Le débat s'est aussi installé sur la nécessité d'un « statut de l'aidant », pour lequel je suis réservée, car il amènerait à élargir encore la distance entre ce statut et la notion d'aide « naturelle ».

Plus important est de faciliter la vie des aidants, en particulier s'ils sont salariés, par des assouplissements d'horaires et de congés. J'ai, à plusieurs reprises, suggéré que les grandes entreprises ou les grandes collectivités prennent conscience du fait que leurs salariés ayant des problèmes avec un parent très âgé sont plus nombreux que ceux ayant un enfant à l'âge de la crèche. Malgré cela, ces grandes structures mettent souvent une crèche à disposition, mais aucune, à cette heure, n'a franchi le pas de proposer un accueil de jour.

Des initiatives ponctuelles ont répondu à ce besoin d'aides à la vie des aidants : par exemple, des salariés ont fait des dons de RTT pour que leur collègue puisse rester au chevet d'un proche dans un état inquiétant. Mais les employeurs doivent aussi se pencher sur le sujet, et mettre de la souplesse dans les conditions de travail de leur employé. Cela peut relever d'actions individuelles, mais il faut aussi ouvrir des possibilités par des accords internes aux entreprises ou aux branches professionnelles.

De nombreuses communes ont pris l'initiative d'une « maison des aidants », où ces derniers peuvent venir « souffler », échanger et recevoir les conseils de professionnels. Des associations, aujourd'hui très actives, se sont constituées dans ce but, mais aussi dans celui de mettre au jour le nombre et les difficultés de ces aidants. Certaines ont ouvert des « cafés des aidants », également très utiles aux échanges et au soutien.

Les proches aidants ont aujourd'hui acquis un droit de cité important dans notre société qui n'a découvert qu'en 2003, à l'occasion de la grande canicule, que les grands âgés étaient fragiles, isolés, souvent « invisibles ». Ils sont l'exemple d'une solidarité inter et intragénérationnelle qu'il convient d'aider et de soutenir à tous les échelons, de celui de la loi, de la gestion départementale et communale à la vie de voisinage.

Une épreuve initiatique

De nos jours, les boomers sont sans doute des centaines de milliers à avoir vécu, ou à vivre, aujourd'hui ou demain, l'accompagnement de leurs parents dans des situations imprévues pour eux et à devoir un jour se comporter envers eux comme s'ils en étaient les parents, avec la responsabilité que cela suppose. Découvrir à un moment donné que l'on devient le père ou la mère de son propre père ou de sa mère est une expérience très forte, presque brutale. En quelques instants, la vie change de face et obscurément met devant nos yeux qu'il n'y a plus personne entre la mort et nous, et que demain nous serons aussi ces enfants en quête d'appui.

Pour ce moment particulier, j'ose utiliser le mot « épreuve » dans son sens fort de « rituel d'initiation », comme il en existait dans les civilisations primitives pour marquer l'accès à la maturité et/ou à la nuptialité. Dans ce cas, il s'agit plutôt d'un rite d'initiation à la fragilité et à la finitude humaines.

Avec l'allongement de l'espérance de vie, notre génération a découvert aussi combien l'on pouvait être démuni dans des conditions de vie qui n'avaient pas été préparées, dont on ne se doutait pas, même si on l'avait lu ici ou là. Elle a pris brutalement conscience que le cerveau pouvait s'abîmer comme le reste du corps. Dans les générations précédentes, le corps prenait presque toujours le devant : appendicite compliquée, maladie infectieuse, accident vasculaire, cancer découvert tard, tous ces fléaux et la moindre capacité à les soigner faisaient le sale boulot. On mourait, dans la majorité des cas, avant d'avoir atteint le très grand âge et la pire de ses fragilités : « n'avoir plus toute sa tête », comme on disait autrefois.

Accompagner ses parents plusieurs années, franchir avec eux les étapes du déclin n'impose pas seulement responsabilité et souffrance pour eux, mais implique un effet miroir qui, aujourd'hui, est presque une constante de cet accompagnement : c'est ainsi que nous serons nous-mêmes demain. Nous devons décider pour eux ou les aider à le faire, leur rappeler des gestes ou des précautions comme on le ferait à un très jeune, les aider dans leur toilette ou dans leur alimentation, expliquer, faire comprendre et quelquefois faire accepter, affronter leur révolte. Tout cela est bouleversant et, même si on ne le réalise le plus souvent pas dans l'instant, l'expérience soulève ensuite des ondes profondes qui remettent en question jusqu'à la manière dont on a vécu jusqu'alors.

Cette expérience nouvelle, avec ce qu'elle implique d'anticipation pour soi-même, constitue le versant intime de cette « révolution de l'âge », qu'il nous a été donné de porter. L'obligatoire prise de conscience que cette « troisième vie », dont nous avons reçu le cadeau, est une pente descendante dont il faut penser et préparer chaque marche, et qui marquera notre génération. Nous étions, dans la période du baby-boom, 850 000 à naître chaque année, nous sommes aujourd'hui 20 millions à l'affronter.

Un peu différente, mais connaissant le même type d'« épreuve », est l'expérience des couples où l'un est l'aidant, l'autre l'aidé. Sur 4,3 millions d'aidants de grands âgés, 57 % sont des conjoints. Malgré la plus grande fréquence de la maladie d'Alzheimer chez la femme, ces aidants conjoints sont majoritairement des femmes, sans doute en partie du fait de la différence d'âge au moment du mariage. Ces conjoints ont le plus souvent atteint l'âge de la retraite et ont plus de temps à consacrer à la personne aidée, mais ils sont aussi plus souvent isolés, dans une santé plus fragile que les enfants, et bien souvent l'aidant meurt avant l'aidé. Il n'est pas rare, quand l'épuisement est trop grand et les enfants éloignés, de voir l'aidé entrer en Ehpad avec son conjoint pour ne pas le laisser dans sa solitude.

En effet, si tous les boomers ont des parents, tous n'ont pas d'enfant ou en sont très éloignés. Les « aidants naturels » seront, pour eux, chichement comptés. Les compagnons de vie, conjoints ou non, continueront d'assumer leur rôle si tant est qu'ils ne se soient pas séparés ou éloignés, mais avec la fragilité que l'âge donnera à eux aussi. Les démographes voient cependant un effet favorable dans la longévité des deux partenaires d'un couple, laquelle pourrait en partie compenser l'absence des enfants.

Aidants et soignants professionnels : les métiers de l'autonomie

Les métiers de l'autonomie sont la clef du « bien-vieillir » de notre génération, mais ils demandent réforme, innovation et valorisation dans tous les sens du terme. Ce n'est pas gagné, mais nous devons y contribuer, ne serait-ce qu'en les concevant non séparément, mais comme une unité au sein de laquelle chacun peut évoluer, passer d'une fonction à l'autre et où l'on est reconnu comme acteur essentiel du soin et du prendre-soin.

Il est utile d'avoir présent à l'esprit que l'ensemble de ces métiers sont, pour 90 %, exercés par des femmes auxquelles est ainsi dévolu un très lourd poids de responsabilité, lequel se traduit par une charge de travail importante et par une incompréhension quand celle-ci n'est pas assumée avec toute l'humanité attendue. Ces femmes ont les mêmes responsabilités chez elles, et ce cumul peut être générateur d'une usure physique et psychique facile à comprendre, et pourtant souvent ignorée[1]. Une fois encore, plaidons pour une plus grande mixité : les boomeuses ont conquis l'accès à des métiers autrefois considérés comme masculins, elles ne doivent pas assurer seules le champ du soin.

Les expressions « métiers de l'autonomie » ou « du grand âge » ne sont pas familières, mais elles sont

1. Pascale Molinier, *L'Énigme de la femme active : égoïsme, sexe et compassion*, Payot, 2003.

nécessaires parce qu'il faut réunir dans un même engagement les professionnels qui accompagnent les âgés à leur domicile et ceux qui s'occupent d'eux dans les résidences autonomie comme dans les Ehpad. En 2014, nous avons été avec mon équipe à l'origine d'un Plan pour les métiers de l'autonomie[1], signé par quatre ministres, mais suivi d'un remaniement qui a stoppé net son développement comme son application. Le choix de l'expression « métiers de l'autonomie », comparativement à « métiers du grand âge », voulait souligner la nécessité de passerelles entre ces métiers : il peut être, en effet, très bénéfique de passer de l'aide et du soin aux personnes handicapées, âgées ou à l'enfance, de manière à élargir ses compétences et à moins risquer une usure psychologique presque inévitable dans ces métiers exigeants.

Dans ces métiers, un contingent très important est constitué par les aides à domicile et par les auxiliaires de vie ou encore les « services à la personne ». Ils constituent, à côté des proches aidants, la clef absolue de la possibilité de vieillir très tard à son domicile.

C'est assez désagréable à imaginer, mais il y a un moment où l'âge ne nous permettra plus de faire tout, tout seul. Aujourd'hui, ceux d'entre nous qui sont aidés à leur domicile, c'est le plus souvent pour pouvoir exercer une activité à l'extérieur. Le jour viendra où, au contraire, pour rester chez soi, nous devrons être aidés.

1. https://solidarites-sante.gouv.fr/metiers-et-concours/les-metiers-de-l-autonomie/

Les métiers dits « de l'aide à domicile » ne répondent pas initialement à une formation particulière, ce qui permet d'y inclure des jeunes (femmes quasi exclusivement) en errance professionnelle ou en difficulté d'insertion. Les contrats aidés ont été pour cela, dans tout le secteur de l'âge, extrêmement bénéfiques, car ils ont permis un accès à l'emploi dans un secteur en développement continu.

Leur rôle est à la fois simple et complexe, et c'est celui qu'un parent proche pourrait exercer auprès d'une personne âgée fragile ; mais il demande une sensibilité particulière, car il n'est pas le même d'une personne aidée à l'autre ni d'une situation à l'autre. Il apparaît comme une évidence que, en plus des acquis de l'expérience, ces professionnels doivent recevoir une formation continue qui leur permette d'évoluer dans leur métier et de participer aux soins auprès de personnes dont la perte d'autonomie est plus importante. On ne se comporte pas avec un malade d'Alzheimer de la même manière qu'avec une personne limitée dans ses actions quotidiennes par des difficultés de marche.

La loi sépare les tâches ménagères, y compris celles de l'alimentation, celles de l'aide corporelle et les tâches soignantes, mais on devine que leur stricte séparation n'est pas si claire dans la vie réelle et que ce chevauchement doit correspondre à des formations et à une évolution de carrière. Les trois niveaux de l'aide et du soin à domicile (aide à domicile, aide-soignante et infirmière) doivent constituer des perspectives de carrière si l'on veut que ces métiers soient attractifs et que les besoins croissants qui vont avec la longévité soient comblés. Ceci suppose une perméabilisation indispensable entre « soignants » et « aidants », grâce à la formation et aux acquis de l'expérience.

Dans ces étapes de formation doivent figurer l'acquisition de capacités liées au numérique, qui est appelé à jouer un rôle toujours plus grand au domicile, la participation au repérage des « fragilités » et à la prévention ainsi qu'à la connaissance des attitudes et des soins envers une personne en perte cognitive.

L'aide à domicile

Les équipes d'aides à domicile, aides-soignantes et infirmières doivent travailler en complémentarité, et c'est pour cela qu'il faut favoriser les gestions conjointes des services (SPASAD – services polyvalents d'aide et de soins à domicile), ce qui a aussi l'avantage de constituer des « équipes » de soins, à la fois utiles et rassurantes, quand on intervient individuellement au domicile.

De même, ces équipes doivent s'appuyer sur l'expertise des Ehpad, et ceux-ci doivent pouvoir accueillir dans l'urgence des personnes âgées en difficulté. Beaucoup reste encore à concevoir, améliorer, favoriser… Ne nous pressons pas de vieillir : il reste encore à faire.

L'aide à domicile est soutenue en partie ou en totalité en fonction des revenus par l'Allocation personnalisée d'autonomie (APA). Le nombre d'heures pris en charge dépend du niveau de perte d'autonomie, mais ce niveau doit aussi déterminer le type d'interventions et de personnel à domicile. Autant de points qui correspondent à un important investissement financier.

À ces aides à domicile, il faut ajouter l'intervention de divers métiers : l'ergothérapeute pour adapter le domicile à des fortes pertes d'autonomie, le kinésithérapeute après une intervention articulaire ou pour « remettre en marche » un pas qui devient trop lent ou trop prudent, etc. Les métiers de l'autonomie sont non seulement pleins d'avenir en nombre de professionnels, mais aussi par la conception de métiers nouveaux. Il s'agit d'un domaine, reconnaissons-le, très technique, mais où l'aspect humain est pourtant l'essentiel. Un très grand nombre de boomers s'y sont familiarisés pour leurs parents, par le biais d'associations et de services à caractère privé : ils y apporteront leur expertise.

Les équipes des Ehpad

Tous les niveaux d'aides sont présents dans les Ehpad, du personnel d'entretien jusqu'au directeur et au médecin coordinateur. Le « taux d'encadrement » (nombre de membres du personnel/nombre de résidents) demeure insuffisant en France, ce qui génère à la fois surcharge de travail, malaise et absentéisme. La loi Grand Âge et autonomie, actuellement en préparation, devra répondre à ce sujet difficile, mais les directions des Ehpad commerciaux doivent, eux aussi, investir dans ce facteur humain.

Ces équipes sont d'un grand mérite : il est indispensable que les médias ne se jettent pas sur la dénonciation de situations ponctuelles, car « l'Ehpad *bashing* » est à l'origine d'une démotivation de l'ensemble du secteur. Tout au contraire, nous devons mettre en valeur les exemples de dévouement et d'initiatives innovantes : ils sont nombreux.

Dans cet esprit, et malgré l'existence d'unités fermées, j'ai exprimé le refus de l'ouverture des Ehpad au Contrôleur général des lieux de privation de liberté. Nous en avons longuement discuté les raisons avec le très remarquable contrôleur qui était alors en poste, Jean-Marie Delarue. Il a compris que la partie de l'intitulé « lieux de privation de liberté » était un signe négatif envoyé autant aux résidents et à leurs familles qu'au personnel qui se déploie, au contraire, pour préserver l'autonomie des personnes. Le contrôle de ces lieux demeure donc réservé aux agences régionales de santé et aux départements ; c'est à eux, et non au journal local, qu'il faut s'adresser en cas de constatation de manquements ou de maltraitances.

Le travail en équipe dans ces établissements est, à la condition d'une bonne direction, extrêmement positif pour de jeunes recrues : l'atmosphère est peu différente de celle des équipes hospitalières où on ne connaît, en particulier, nulle trace de racisme et où chacun travaille à pied de « sororité » (j'emploie ce mot en raison de la très grande majorité de personnels féminins, que l'on essaye pourtant de mieux équilibrer).

Tous aidants parce que solidaires

Ce petit mot d'apparence assez banale, « aidant », constitue la clef de notre grand âge. Si nous pouvons concevoir de rester libres, nous ne serons que peu nombreux à demeurer autonomes jusqu'à la fin. Et l'« Autre », sans lequel nous serions dans bien des cas morts quelques heures après notre naissance s'il n'avait pas été présent et dont, bien souvent aussi, nous avons cru pouvoir nous débarrasser tout au long de notre vie, retrouvera toute son importance.

La meilleure manière de l'accepter est d'être soi-même ; cet « Autre » pour d'autres, en étant les ouvriers d'une solidarité attentive. Nous avons la chance de vieillir nombreux ensemble et non « en queue de comète », comme les générations d'antan. Frères d'âge, bâtissons une communauté de frères d'armes, comme ceux qui en 1914 montaient au front.

Je crois, en effet, très fortement à la mise en place d'une solidarité intra et intergénérationnelle et au retour de la proximité. « En cas de problème aigu, il est plus important d'être ami avec son voisin qu'avec le président des États-Unis », disait une de mes malades semi-américaine qui était solidement entourée de proches et d'amis dès qu'elle rentrait de l'hôpital. Au Japon, pays qui s'honore du record mondial de longévité, la culture du « prendre soin les uns des autres » entre certainement pour une part importante dans ce record.

Nous avons fait, en 2013, avec Jean-François Serres et Brigitte Ayrault, épouse du Premier ministre et ambassadrice de cette grande cause, un pas dans cette direction en lançant la Mobilisation nationale contre l'isolement des personnes âgées (Monalisa), qui a pris la forme d'une association regroupant de nombreuses structures associatives ou publiques. Cette initiative a reçu le prix de l'Engagement et continue de se développer sur l'ensemble du territoire. Son caractère de mobilisation nationale s'est cependant un peu effacé, et je souhaite ardemment que le plan Grand Âge le remette en valeur.

Je crois qu'il faut cependant élargir le projet, par exemple, sous la forme d'un volontariat civique senior supposant une formation, une garantie de confiance réciproque sous la forme d'une charte (comme c'est le cas pour Monalisa), afin d'éviter tout risque d'indélicatesse à l'égard d'âgés fragiles, ainsi qu'une valorisation des volontaires par un insigne remis en préfecture et susceptible de rassurer les personnes que l'on visite. Des « volontaires » formés vont ainsi, dans les pays du Nord, au domicile de personnes dont on a signalé la possible situation de fragilité, sollicitent éventuellement des appuis publics (aides financières ou équipements pour la maison) et restent en contact régulier avec leurs nouveaux amis.

Les zones bleues

Au-delà même de ce type d'initiative, l'arrivée massive des boomers dans le champ de l'âge me paraît l'occasion idéale d'un retour de la proximité, d'abord parce que nous sommes nombreux, pour une bonne part n'ayant plus d'activité professionnelle et étant décidés à vieillir chez soi. Voilà trois excellentes raisons de faire de son quartier, son ensemble d'immeubles ou son village une potentielle « zone bleue ».

En l'an 2000, un universitaire italien et un démographe belge ont découvert en Sardaigne une zone de montagne où se trouvait une concentration record de centenaires. Très vite, un projet a été lancé pour, si possible, identifier d'autres territoires aussi chanceux.

Ce qui fut le cas... Plusieurs zones bleues ont ainsi été identifiées et il ne tient pas tout à fait du hasard qu'il s'agisse soit de zones de montagne isolées soit d'îles, la plus célèbre étant l'île japonaise d'Okinawa.

Dans aucune de ces zones, les habitudes alimentaires n'étaient les mêmes, même si toutes étaient sobres et relativement pauvres en viande ; les Sardes consommant, cependant, volontiers la charcuterie du pays. L'activité physique était une habitude de vie, et le climat aéré. Mais le facteur dominant était, dans tous les cas, l'existence de liens familiaux et sociaux intenses.

Il est sans doute un tant soit peu déraisonnable d'imaginer faire de son quartier une zone bleue, mais essayer de le colorier ne peut pas nuire...

Sous les pavés, l'Ehpad

Il était une fois un monde lointain où toutes les générations d'une famille vivaient sous le même toit. Les fils et les filles cultivaient la terre, les « anciens » triaient les semences, distribuaient le grain aux poules, presque avec le même geste qu'autrefois ils semaient. Un jour, ils ne le pouvaient plus et ils s'asseyaient près de l'âtre en attisant les braises quand le feu faiblissait, et ils mouraient là où ils avaient vécu, entourés de ceux avec qui ils avaient vécu. Le premier voisin se chargeait d'aider la famille dans son deuil, et un nom était ajouté sur la tombe familiale.

Un siècle après, même pas, quatre générations sont simultanément vivantes, mais elles n'habitent plus sous le même toit ni même à proximité. Les fils comme les filles vivent où ils travaillent, bougent souvent et les vieux deviennent vieux beaucoup plus tard. Mais un jour, comme presque tous les vieux l'ont fait avant eux, ils « ne se suffisent plus », et se pose alors la question de leur lieu et de leurs conditions de vie.

Exigence et engagement

C'est alors que, succédant aux hospices où l'on recevait indigents et sans famille, sont nés les maisons de retraite puis les « Ehpad ». Avouons que ce drôle de mot, soit parce qu'on n'en connaît pas exactement la réalité soit parce qu'on ne la connaît que trop et souvent mal, fait partie, juste après la maladie d'Alzheimer, de la crainte que suscite le grand âge.

D'abord parce qu'à la suite de la grève des personnels de janvier 2018 les médias en ont donné une image négative, polarisée sur le manque de personnel et les difficiles conditions de travail, ce qui n'a contribué à rassurer ni ceux qui craignent d'être concernés un jour ni ceux dont les parents le sont déjà ; deux catégories qui comptent de très nombreux boomers. Pour autant, ce mouvement, porté aussi par de nombreuses familles, a été positif en mettant en évidence l'urgence d'une meilleure prise en compte du grand âge.

Je tiens à dire en préambule que le milieu professionnel du grand âge, et particulièrement les équipes des Ehpad, est celui où j'ai trouvé le plus d'engagement et d'exigence pour autrui, et ceci malgré la grande sensibilité du travail qui y est fait et la médiocrité – j'ose le mot – des salaires, même après plusieurs années d'exercice.

Ceci ne suffit pas à rassurer. Aujourd'hui, deux Français sur trois jugent « inenvisageable » d'entrer en Ehpad. Ce qui inquiète dans ce seul mot, c'est la perte d'autonomie, voire la perte de liberté, qu'il implique. Et c'est pour cela que nous devons le faire évoluer et l'ouvrir plus largement sur l'extérieur.

Le sigle Ehpad est né en 2001 avec la réforme des établissements pour personnes âgées. Il signifie « établissement d'hébergement pour personnes âgées dépendantes ». On aurait pu penser que ce mot curieux, que l'on entend utilisé au féminin comme au masculin parce qu'on n'en connaît pas l'exacte signification, n'aurait pas connu une fortune durable. Tout au contraire, il s'est imposé, et c'est peut-être même parce qu'il n'est pas clairement compréhensible de tous : il désigne plus qu'il ne décrit. Il a aujourd'hui les honneurs réguliers de la presse, de manière le plus souvent négative avec le développement de « l'Ehpad *bashing* », qui révèle la crainte considérable des Français (et des journalistes) de la situation de dépendance où se trouvent nombre de personnes très âgées.

À côté des Ehpad, les maisons de retraite non médicalisées, que l'on devrait appeler « EHPA », ont une identité qui évolue et tendent à être remplacées par les « résidences autonomie », même si elles ne correspondent pas exactement au même concept. Ces « résidences autonomie », intitulé qui a supplanté, depuis la loi d'adaptation de la société au vieillissement, celui de « foyers-logements », réunissent des petits appartements indépendants au sein d'une structure collective bénéficiant d'aménagements et de services. À quelques nuances près, d'autres modèles de logements regroupés (béguinages, MARPA – maison d'accueil et de résidence pour personnes âgées, etc.) correspondent au même schéma.

La réalité derrière les chiffres

Le nombre d'Ehpad augmente parallèlement à la longévité : 7 258 en 2014 ; 7 573 en 2019, correspondant aujourd'hui à 608 000 places disponibles pour l'accueil de personnes de plus en plus âgées et dépendantes. Ils sont très inégalement répartis sur le territoire (du double fait du prix du foncier en milieu urbain et de la répartition des grands âgés, très nombreux dans les zones côtières). L'âge moyen d'entrée, chaque année plus tardif, est aujourd'hui de 85 ans[1] et la durée moyenne de résidence, dans les cas où le séjour se termine par un décès, est de deux ans et neuf mois (beaucoup plus court en cas de transfert dans un autre établissement ou de retour à domicile).

Pour utiles qu'ils soient, ces chiffres ne rendent pas compte de la vie en Ehpad, non plus que de l'investissement des personnels qui y travaillent. Ministre, je consacrais un jour par semaine à des « visites de terrain », qui comprenaient presque toujours une ou plusieurs visites d'établissements et des temps d'échange avec les équipes. Dans les derniers mois de ma fonction, j'ai fait des visites inopinées (en prévenant seulement une heure avant par égard pour les équipes). Il s'agissait d'établissements que je savais « difficiles » et

1. Source Drees, 2017.

qui généralement l'étaient, ce qui m'amenait à alerter les structures de tutelle[1]. J'ai ainsi visité des lieux où le malaise du personnel et des résidents (les deux vont toujours ensemble) était évident, voire intolérable. Dans ces cas, l'absentéisme augmente et la situation se détériore presque inéluctablement.

Au sein même de nombreux Ehpad, des unités spécialisées dites « unités Alzheimer » réunissent les malades les plus dépendants. Il s'agit d'unités fermées, où de nombreux résidents ont perdu presque totalement la capacité d'échanges avec l'entourage. Malgré le nombre accru de personnels soignants et la qualité des locaux ainsi que l'absence de souffrance perceptible des malades, nul n'échappe, en s'y rendant, à une sorte d'interpellation existentielle, d'autant plus forte quand il s'agit de personnes connues avant la maladie, comme c'est le cas pour les proches.

La proximité avec le très grand âge, qu'elle soit individuelle ou professionnelle, ne laisse personne intact et, pour cette raison aussi, nous devons faire évoluer le modèle des Ehpad et travailler à les inclure toujours davantage dans la vie du territoire. Beaucoup d'initiatives vont dans ce sens : salle à manger commune avec l'école voisine, salle mise à disposition des associations pour leurs réunions (et même dans l'une, au cœur du Sud-Ouest, aux répétitions de la fanfare locale !), restaurant ouvert au public pour un Ehpad bienheureusement situé dans un lieu touristique. Il n'y a ni limites ni interdits pour inclure

1. ARS et conseils départementaux.

le grand âge dans la vie locale et au sein de toutes les générations.

Pour la maladie d'Alzheimer elle-même, des initiatives remarquables se mettent en place, par exemple, celle d'un « village Alzheimer » dans le département des Landes, où les malades sortiront librement au sein d'un ensemble conçu sur le modèle des bastides. La possibilité de géolocalisation des personnes en dépendance limite beaucoup les risques de perte et de décès, et permet d'envisager un accompagnement moins contraignant et une liberté plus grande d'aller et venir.

Un autre type d'initiative, sous le nom d'« Ehpad hors les murs », consiste à projeter au domicile de personnes âgées dépendantes les services de l'Ehpad (aides à domicile et soignants, portage de repas, etc.) et d'établir des connexions de tous ordres, y compris numérique, entre ce domicile et l'Ehpad, ceci permettant de retarder l'entrée dans l'établissement et de sécuriser les aidants familiaux, en particulier quand il s'agit d'un couple où une personne est très dépendante.

Quel Ehpad demain pour les boomers ?

C'est une particularité des boomers d'exprimer massivement leur volonté de vieillir chez soi (curieusement, on ne dit plus « mourir chez soi », comme le formulaient mes parents). Tous ne le pourront pas, mais les conditions de vie en établissement doivent prendre en compte leur exigence de liberté. Notre génération, que l'on qualifie souvent de revendicative ou encore de « trop gâtée », n'a pas la mentalité du « surtout ne pas déranger » des vieux d'autrefois, et c'est une bonne chose. Les grands âgés sont jusqu'à la fin des citoyens à part entière et, de plus, l'Ehpad ne doit pas être qu'une réponse aux besoins, mais aussi aux désirs.

L'entrée en « établissement » (ce seul mot refroidit : nous dirons désormais « résidence ») ne doit jamais être vécue comme un échec personnel pour les familles, mais comme une nécessité quand l'isolement de la personne âgée est trop grand, et la santé des aidants trop fragile. Tout le monde s'accorde aujourd'hui (professionnels comme familles) pour dire que la conception même de l'Ehpad doit évoluer, et les propositions faites de toutes parts vont unanimement dans le sens de rendre ces résidences toujours plus ouvertes à leur environnement social et médical.

D'abord, et ce n'est pas le plus simple, le nombre d'Ehpad doit fortement augmenter, car nous serons très nombreux (on estime à 1,6 million les personnes âgées dépendantes en 2030 et 4 millions en 2050), ce qui ne veut pas dire autant de places en établissement, mais une grande part de ce nombre[1]. Or, il faut à peu près dix ans pour mener à bien un projet de ce type, de la recherche du foncier à celui du financement et à la construction. Comme pour tous les services de santé, l'anticipation est encore très loin d'être suffisante.

1. Cinquante mille places ont été ouvertes dans les cinq dernières années. À ce rythme, il faudrait plus de dix ans pour répondre au doublement du nombre de personnes dépendantes d'ici 2030.

Les Ehpad ou les structures qui, comme je le pense, les remplaceront peu à peu, doivent être aussi largement ouverts aux familles, aux proches et à la vie tout court. La participation des familles est d'ores et déjà bien réelle, et elles peuvent jouer un rôle très positif dans la vie d'un Ehpad. Certaines s'y investissent, par exemple, en prêtant la main aux animations, aux fêtes et aux divers événements du lieu (expositions, conférences, concerts, etc.). De même, auprès de leurs parents, leur présence peut être très bienvenue au moment des repas, des coups de cafard et pour faciliter la sortie des résidents. Mener des relations apaisées et positives avec le personnel demande beaucoup de tact et d'attention réciproques. Les enfants sont toujours culpabilisés de voir leurs parents en résidence et cette culpabilité peut se reporter sous forme de reproches sur les soignants, eux-mêmes souvent surchargés. Les demandes des familles pour plus de sécurité vont souvent à l'encontre de la volonté de liberté d'aller et venir des résidents, ou à l'inverse c'est un manque d'attention et de surveillance qui est reproché.

À la condition de ce tact et de cette compréhension mutuels, les proches doivent être inclus au maximum à la vie de l'établissement et, par exemple, participer aux repas quand ceux-ci peuvent être pris en salle à manger. Un point supplémentaire, lui aussi difficile à résoudre, est la présence auprès du résident de son animal familier, pourtant si bénéfique à son état et à son besoin de tendresse. Quand cela n'est vraiment pas possible, la présence d'animaux est toujours positive, sous la forme d'un chien « communautaire » (qui prend alors le risque d'être beaucoup trop nourri par les résidents) ou d'animaux extérieurs, âne, moutons, etc., qui brisent le face-à-face permanent des grands âgés entre eux comme avec les soignants. Le jardin doit constituer non seulement un lieu de promenade, mais d'activités. De même, toutes les initiatives d'interactions avec des représentants du monde extérieur doivent être favorisées (débats, concerts, visites de musiciens, goûters ou spectacles partagés avec les enfants des écoles, etc.). Pour les familles habitant à distance, il est opportun de prévoir une « chambre d'hôte » permettant de partager la vie de la résidence pendant quelques jours.

Une plus grande liberté

Plus de liberté est aussi indispensable. La liberté est la marque de fabrique de notre génération, elle doit le demeurer. C'est d'abord la liberté d'aller et venir, de sortir, d'aller prendre un café dans le bistrot voisin, etc. L'écueil du risque de chutes, d'évasion et de perte du résident est en partie pallié par le port d'un dispositif d'autonomie (sous la forme d'un pendentif ou d'un bracelet) permettant la géolocalisation. Malgré cela, plus de liberté suppose aussi plus de personnel pour pouvoir accompagner les âgés dans leurs sorties si leur marche est incertaine ou veiller à leur retour. L'enfermement au sein d'un établissement est la pire contrainte, y compris en cas de maladie avancée.

Deuxième aspect de cette liberté : le droit à l'intimité. La chambre d'un résident, comme celle d'un malade hospitalisé, répond à la définition légale d'un domicile. Ce qui suppose que personne n'entre sans prévenir et que l'on puisse recevoir sans être dérangé, et mener les activités que l'on souhaite. Reconnaissons que, par souci de sécurité, les chambres doivent pouvoir être ouvertes par le personnel dans des situations d'urgence. Il suffit pour cela qu'existe un « pass », c'est-à-dire une clef opérative dans toutes les serrures, mais les résidents dont l'état de conscience le permet doivent être autorisés à fermer leur porte s'ils le désirent, de préférence en informant le personnel. Comme dans les hôtels, ils devraient alors pouvoir afficher sur cette porte un petit écriteau « Ne pas déranger » ou la serrure devrait comporter un petit voyant. Le règlement est aussi quelquefois appelé à intervenir pour assurer ce droit à l'intimité en ouvrant la possibilité de chambres réunies et de « lits matrimoniaux », comme on dit en Espagne, si des couples se sont formés. Tout cela participe des éléments à connaître avant de choisir un établissement.

La presse est particulièrement attentive à ce sujet du droit à l'intimité. Je me souviens d'une scène très émouvante autour d'un couple nouvellement formé ayant bénéficié d'une chambre double. Un journaliste l'avait interrogé devant la caméra. Les réponses étaient aussi pudiques qu'explicites, et la femme rougissait simplement en parlant de « petits baisers ».

Outre cette pudeur que je réclame pour tous les âgés qui n'ont pas été exercés à parler sans réserve de leur sexualité, le grand âge et la perte cognitive imposent en établissement de s'assurer du consentement réciproque en cas de rapprochements à caractère sexuel. On sait que les personnes atteintes de démence déambulent beaucoup et volontiers la nuit, ce qui cause souvent des désagréments aux patients des chambres voisines. Il n'est pas agréable qu'un voisin entre dans votre chambre pour y faire pipi, moins agréable encore quand il se glisse dans votre lit, et pas tolérable qu'il y exerce quelque manœuvre à caractère sexuel.

Tout cela impose beaucoup de discernement de la part des personnels d'Ehpad. De la même manière, doivent-ils partager en réunion d'équipe des confidences qui leur ont été faites par les résidents sur leurs désirs et leurs pratiques ? Les médecins, on le sait, sont tenus au secret médical. De même, infirmiers, aides-soignants et personnels de soins sont tenus au secret professionnel pour tout ce qui leur a été confié ou qu'ils ont découvert, comme bien sûr les éléments de santé des personnes. Mais des questions demeurent toujours quand il s'agit de les partager entre eux ou d'informer les familles.

J'ai évoqué précédemment la possibilité d'Ehpad « affinitaires » concernant les personnes homosexuelles. De fait, un certain nombre le sont et on ne peut ignorer que le prix de leur tarif hébergement (ce qui revient à la personne) constitue une sélection sociale. Les établissements se réclamant d'une histoire ou d'un engagement religieux permettent des moments de rencontre (les offices, les chants) qui rapprochent et réconfortent les résidents. Aucun d'entre eux n'a d'ailleurs de caractère exclusif.

Recherche et innovation

Forts de l'expérience vécue aux côtés de l'un de nos parents par nombre d'entre nous, il nous échoit de promouvoir une nouvelle conception de l'Ehpad qui doit devenir un centre de ressources pour son territoire, et jouer le rôle d'appui pour les grands âgés demeurés au domicile ainsi qu'à leurs aidants en rendant, par exemple, possibles des accueils d'urgence, des accueils temporaires, en ouvrant des ateliers pour entretenir la mémoire ou l'équilibre ; ce qui permettrait une familiarisation avec l'établissement et ses équipes, très bénéfique si un séjour durable devenait nécessaire.

Enfin, la recherche doit entrer dans les Ehpad et comprendre une étude sur les usages et les comportements afin d'analyser leur pertinence dans les pratiques infirmières et médicales, comme dans l'animation et l'organisation. L'analyse des modes de vie et des comportements peut amener à une meilleure prévention de la dépendance. Les gériatres reconnaissent qu'ils ont encore beaucoup à apprendre de cette recherche humaniste.

D'ores et déjà dans des établissements de plus en plus nombreux, des consultations à distance, grâce à la e-santé, facilitent les diagnostics sans imposer de déplacements susceptibles de déstabiliser les résidents troublés. La silver économie doit, elle aussi, entrer dans les Ehpad pour que puisse être mesuré l'intérêt de ses nombreux dispositifs dans la perte d'autonomie avérée. Je rêve, par exemple, d'écrans tactiles dans la chambre de chaque grand âgé qui les mettent en connexion avec leur famille éloignée ou avec des activités qu'ils ont antérieurement pratiquées.

Financement et rigueur de gestion

L'objet de cet ouvrage n'est pas de discuter les possibilités d'un meilleur financement du grand âge. Il m'apparaît essentiel que ce soit un financement solidaire, comme l'a été en 1945 la Sécurité sociale. C'est un pas à la mesure du changement de société inhérent à la longévité qui s'impose. De cela dépend l'amélioration des conditions de travail, du nombre de soignants et de leurs salaires, comme la possibilité de rester chez soi longtemps. Concernant les Ehpad, la loi ASV a mis en place un site Internet public pour les personnes âgées permettant de comparer précisément les prestations de chaque établissement.

Grâce à un amendement du 9 avril 2015 dont je suis très fière, le principe « à argent public, contrôle public » a été voté à l'Assemblée et, aujourd'hui, la Cour des comptes est en mesure de contrôler les Ehpad publics, associatifs et privés commerciaux selon les mêmes modalités, ce qui ne peut qu'améliorer la gestion de l'ensemble des établissements. Le secteur privé commercial (dit encore « lucratif ») est générateur d'une croissance à deux chiffres et connaît des leaders français à forte activité internationale, ce dont nous devons nous réjouir, mais il est bien sûr souhaitable que les salariés bénéficient en taux d'encadrement et en salaires de leurs excellents résultats financiers.

La décision d'entrée dans un Ehpad concerne aujourd'hui surtout les parents des boomers, les plus âgés d'entre nous ayant moins de 75 ans, et c'est d'abord en tant qu'aidants que nous devons connaître et faire évoluer ce secteur. Elle constitue un moment difficile, et généralement même douloureux, d'autant qu'elle peut survenir à l'occasion d'un accident ou d'une maladie ne permettant pas le retour à la maison s'il y a eu hospitalisation ; ce qui est la situation la plus défavorable, car la décision n'a pas été préparée ni convenue en douceur avec la personne concernée. Dans tous les cas, elle crée une rupture avec la vie antérieure et est souvent vécue de manière déchirante comme un pas vers la dernière demeure.

Ce choix est pourtant le bon quand les solutions de logements regroupés sont dépassées et quand la vie au domicile est devenue dangereuse ou qu'elle inflige aux proches, quand ils existent, une servitude qui les met eux-mêmes en situation de risque.

Le choix de l'établissement n'est pas moins difficile, parce que certains territoires en manquent ou parce que seules sont disponibles des places dans des établissements financièrement inaccessibles ou à trop grande distance de la résidence des proches.

En plus de l'aide financière publique sous la forme de l'APA (aide personnalisée à l'autonomie) en établissement, et bien sûr de la Sécurité sociale qui prend en charge les soins, les enfants peuvent être appelés à contribuer au coût de l'hébergement au nom de l'« aide alimentaire » si les revenus de la personne âgée ne sont pas suffisants ; et cette participation peut plomber lourdement les budgets des familles. Il ne faut alors pas rejeter l'idée du recours à l'aide sociale, qui prend en charge tous les frais, mais avec un recours ultérieur sur héritage, ce qui prévient beaucoup de familles de la demander.

Je n'hésite pas à dire que l'« héritage » correspond à la propriété de la personne âgée et qu'il doit être utilisé à son bénéfice en priorité. De plus, l'héritage échoit aujourd'hui aux enfants très tard (à 56 ans en moyenne), alors qu'ils n'ont plus besoin de s'installer dans la vie. Les besoins et le confort de vie des grands âgés doivent toujours primer, même s'il faut souhaiter que la loi Grand Âge améliore la situation des familles face à un (ou plusieurs) ascendant dépendant.

Dans un Ehpad particulièrement avancé et créatif, visité il y a quelques années, les résidents, tous en grande perte d'autonomie, portaient une grande écharpe soyeuse d'un orange fluo particulièrement éclatant. Le but était sans doute de pouvoir les repérer quand ils déambulaient et risquaient de s'égarer ; l'écharpe était douce et semblait être portée très volontiers. À la fin de ma visite dans cet établissement, une de ces écharpes me fut offerte. J'étais un peu étonnée, mais ce geste me rappela une histoire inspirée par celle de saint Martin, que je raconte ici très approximativement.

Un vieillard mendiant frappe à la porte d'une ferme où résident un père et son fils. Le père ouvre, donne une piécette et dit à l'homme de passer son chemin. Le fils s'approche, constate la pauvre mise du mendiant et le froid intense dehors. Alors, il va chercher son manteau, le coupe en deux et lui en donne la moitié. Le père s'étonne et lui demande à quoi il destine désormais cette moitié de manteau. Le fils répond sobrement : C'est pour toi, plus tard…

Citoyens jusqu'au bout

« La liberté a guidé nos pas[1] », puisse-t-elle ne pas y déroger jusqu'à la fin du parcours. L'angoisse du grand vieillissement tient essentiellement à cela : ne plus être en capacité de décider pour soi-même, et ainsi ne pas avoir la protection de droits universellement reconnus : la liberté d'aller et venir, le droit à la propriété, à l'accompagnement et à l'accueil.

Perte de liberté et maltraitance

La crainte qui vient bien souvent en premier lieu à l'idée de vieillir, et particulièrement à la perspective d'entrer en établissement, est de perdre sa liberté d'aller et venir, droit fondamental de la personne humaine. Sujet majeur et, j'ose dire, terrible à résoudre, car quand cette liberté est limitée, c'est bien souvent pour d'excellentes raisons : ne pas exposer la personne à des risques. Les « unités Alzheimer » sont pour cela fermées, et bien

1. *Chant du départ*, composé en 1794 par Étienne Nicolas Méhul pour la musique et Marie-Joseph Chénier pour les paroles.

des Ehpad, à la fois par prudence et pour répondre aux souhaits des familles, n'autorisent pas les entrées et les sorties en accès libre, y compris pour les personnes en perte cognitive partielle. Se heurter à porte close, ne pas pouvoir aller au café ou à l'épicerie du coin quand on en a envie est une idée terrible, mais dont on comprend pourtant la justification.

Pas d'année ne se passe, en effet, sans qu'un résident ou un malade à domicile se perde, et soit retrouvé quelquefois beaucoup trop tard, bien souvent mort[1]. La géolocalisation peut remédier à ce risque sous la forme de bracelets, qui n'ont rien du bracelet électronique des personnes qui purgent une peine et qui n'ont de fait pas plus de risque de limitation de l'autonomie qu'un téléphone numérique que l'on porte sur soi. En 2013, nous avons édicté, conjointement entre constructeurs et professionnels du secteur, une charte d'usage des « bracelets d'autonomie » de manière à éviter des pratiques abusives. Le sujet est maintenant entré sans heurts dans les usages.

La seconde idée, moins spontanée, mais tout aussi inquiétante est celle de la maltraitance, hélas désespérément courante (une personne âgée sur six a fait l'objet de maltraitance dans l'année en cours) et qui se manifeste sous bien des aspects (physique, moral, financier, etc.), plus encore cependant dans le milieu familial au sens le plus large qu'en milieu professionnalisé. La loi ASV en limite autant que possible certains risques : par exemple,

1. Cinq personnes sont mortes dans ces conditions pendant les deux ans de ma fonction ministérielle.

par l'interdiction des dons ou de prélèvements outrepassant des montants pouvant être considérés comme des « dons d'usage ». L'actualité a, à plusieurs reprises, montré la nécessité de cette limitation, quel que soit le contexte social et financier des donateurs.

Consentement et protection

La plus grande attention doit être portée au consentement à l'entrée en établissement, d'autant qu'elle a lieu trop souvent dans l'urgence quand la situation au domicile se détériore rapidement ou après une hospitalisation. Le consentement, idéalement reçu, devrait se faire sur le modèle du « consentement éclairé » très strictement édicté qui s'impose lors de l'inclusion d'un malade dans un essai thérapeutique, c'est-à-dire lors de l'essai de médicaments ou de modes d'administration nouveaux. Il faut tendre vers cet « idéal », mais on ne peut non plus ignorer qu'en cas de perte cognitive il existera toujours des zones d'ombre dans la parfaite compréhension de la personne. La loi ASV insiste cependant sur l'importance du dialogue entre le futur résident et le directeur de l'établissement, si possible en présence de la « personne de confiance » quand elle a été désignée.

Même en l'absence de perte cognitive, ce moment est souvent l'occasion de tensions affectives entre le parent âgé et la fille ou le fils qui l'accompagne. L'âgé peut ne pas résister aux rassurants « maman, tu seras bien » ou encore « tu sais que je ne peux pas être toujours près de toi », et regretter dès le lendemain son acceptation. La loi ASV prévoit pour cela un délai de rétractation non pénalisant financièrement. Il ne faut surtout pas se précipiter pour louer, et surtout pour vendre, le logement de la personne âgée – ce qui suppose son agrément : cela rendrait son retour impossible en cas de non-accoutumance à la nouvelle situation et, dans bien des cas, pourrait violer son droit de propriété.

La vigilance, dans ce moment particulier, est en particulier justifiée par la fréquence des suicides dans les premiers mois, voire les premiers jours, après l'entrée en maison de retraite. La vente du logement et l'évidence du « non-retour » constituent un facteur aggravant de ce risque[1].

Une « personne de confiance », chaque fois que cela est possible, doit être désignée par la personne âgée afin de limiter les risques de contrainte. La mise sous curatelle ou tutelle ne relève pas du personnel de l'établissement, mais de la famille et l'on devine qu'il y a obligatoirement des zones à la fois incertaines et douloureuses entre ces différentes étapes.

Le mandat de protection future peut améliorer ces situations délicates : il s'agit de désigner, alors qu'on est pleinement en possession de ses moyens intellectuels, la personne susceptible d'accompagner toute décision mettant en cause la question de la liberté. Si ce mandat est très connu et souvent utilisé au Québec, il ne l'est que très rarement en France et c'est pourtant une marche à franchir très souhaitable dont chaque

1. Rapport du Comité national pour la bientraitance et les droits des personnes âgées (CNBD), 2013.

boomer doit avoir connaissance avant d'atteindre un très grand âge.

Droits et libertés du grand âge

Ces situations rendent nécessaire de poser des règles par l'affirmation officielle et internationale des droits du grand âge à l'instar des droits de l'enfant : un long chemin que notre génération doit faire aboutir malgré les réticences et les barrières des gouvernements.

Il y a presque trente ans, en effet, le 20 novembre 1989, l'Assemblée générale des Nations unies votait la Convention internationale des droits de l'enfant (CIDE), un texte remarquable qui édicte les droits fondamentaux spécifiques à l'enfant (« moins de 18 ans ») et vient compléter les droits fondamentaux de la personne humaine.

Les chiffres du vieillissement de la population mondiale font éclater au grand jour la nécessité d'un texte similaire relatif aux droits du grand âge. On pense bien sûr aux situations de vulnérabilité : c'est en effet sur ce critère de vulnérabilité que l'assemblée des Nations unies fonde la nécessité d'un droit de l'enfant complémentaire à ceux de tous les citoyens. Cette vulnérabilité évolue, mais la limite en a été fixée par souci de simplicité à la majorité légale, laquelle n'est pourtant pas identique dans tous les pays où elle existe.

En 2030, 210 millions de personnes auront plus de 80 ans dans le monde et aucun droit ne les protège, même si nous savons, avec l'exemple des droits de l'enfant, que cette protection ne sera jamais que partielle et que, malgré le caractère contraignant de la Convention des Nations unies, de nombreux pays s'en exonèrent dans les faits, comme l'illustre le travail des enfants dans de trop nombreux pays.

Le droit à l'éducation et le droit à la santé, tous les deux financés par les États, constituent des dispositions majeures de la Convention : le droit à l'accompagnement, aux soins et au respect des libertés des grands âgés ne s'impose-t-il pas de la même manière ? Le sujet apparaît comme une évidence, et une version française de ces droits, qui constitue une base de travail en quatorze points orientée sur les âgés en institution, a été rédigée en 1999 par la Fondation nationale de gérontologie[1]. Plusieurs initiatives institutionnelles (Conseil de l'Europe[2]) ou associatives (FIAPA[3]) vont dans le même sens. Aucun texte international ne vient, cependant, solidifier la reconnaissance de ces droits.

L'encadré page 319 propose, à titre de document de réflexion, une liste des droits qu'il serait utile de préciser relativement aux droits universels de la personne humaine. On comprend, par exemple, que le droit à la propriété a une résonance particulière dans des circonstances telles que l'entrée en maison de retraite et l'éventuel besoin de solvabiliser tout ou partie du patrimoine pour faire face au coût de l'hébergement.

---

1. Charte des droits et libertés de la personne âgée dépendante.
2. Recommandations du Comité des Ministres sur la promotion des droits de l'homme des personnes âgées (2014).
3. Fédération internationale des associations des personnes âgées.

Le droit à l'éducation (et donc à l'accueil dans une école) peut être transposé en un « droit à l'accueil et à l'accompagnement » en cas de perte d'autonomie, ce qui aurait pour les États une influence positive sur la construction d'établissements publics. Le droit à la participation sociale, aux loisirs et à l'information imposerait de fait une lutte contre l'isolement tant au domicile qu'en Ehpad.

La tendance actuelle est de dire que les droits universels de la personne humaine, tels que reconnus par l'ONU, satisfont à toutes les circonstances. Il me paraît au contraire important et stimulant pour les États d'y ajouter des droits spécifiques (ou plus exactement spécifiquement développés et précisés), comme cela a été fait pour l'enfant et les mineurs. Chacun de nous doit y réfléchir, y compris à titre individuel, pour préciser sa volonté en cas de vulnérabilité par le biais d'un acte notarial complétant les directives anticipées qui concernent la toute fin de vie.

J'ai porté ce sujet des « droits du grand âge » lors d'une conférence ministérielle de l'ONU, où je représentais ma ministre de « tutelle », terme qui en l'occurrence était assez plaisant, le 20 septembre 2012. À titre individuel, j'ai été approuvée par nombre des ministres présents, qui ajoutaient cependant qu'ils ne pouvaient prendre de position officielle, les États redoutant que ces « droits fondamentaux », dont chacun reconnaît le besoin, ne deviennent contraignants et n'imposent de lourdes obligations financières, en particulier sur le droit à l'accueil et à l'accompagnement digne des personnes en forte perte d'autonomie.

À mon retour, j'ai saisi la Commission nationale consultative des droits de l'homme (CNCDH) sur l'effectivité des droits de la personne âgée en France, et son avis très circonstancié, en juin 2013, a aidé dans la préparation de la loi ASV, qui comporte un chapitre « Droits et libertés de la personne âgée ». Sur le plan international, le dossier n'a pas avancé, en premier lieu pour les raisons financières indiquées. Même le projet d'une charte, non contraignante, en lieu et place d'une convention qui est opposable, n'a pas jusqu'alors abouti.

Une des difficultés, souvent utilisée comme prétexte, est celle de la définition de la « personne âgée » au regard du vieillissement, très différent selon le statut économique, social, sanitaire et culturel des pays. Le même dilemme a agité le débat sur les droits de l'enfant, mais dans ce cas l'âge de la majorité légale l'a emporté, même s'il n'est pas le même dans tous les pays et pas non plus parfaitement adéquat dans toutes les circonstances évoquées. Pour le grand âge, l'âge légal de la retraite, très mouvant quand il existe, n'est pas envisageable parce qu'il est trop précoce pour que puisse être prise en compte une vulnérabilité réelle justifiant des droits spécifiques. Je plaiderais volontiers pour le caractère exécutoire de ces droits sur l'appréciation médico-sociale de l'état de la personne, comme c'est le cas dans le droit français. De manière certaine en tout cas, si un âge était choisi, par exemple celui de 85 ans auquel l'espérance de vie sans incapacités est réduite, sa révision selon l'appréciation médico-sociale devrait être une possibilité ouverte.

Soulignons à l'occasion que, dans les rencontres qui ont été les miennes comme dans les prises de position publiques, les pays les plus « allants » sur le sujet ne sont pas les plus riches, mais, à l'inverse, des pays économiquement moins favorisés, de culture latine ou africaine.

Au regard de l'augmentation universelle du nombre de grands âgés et de personnes dépendantes, il paraît très important de remettre cette ambition sur le devant de la scène et de la faire aboutir, sans doute en deux étapes (charte initialement, puis droit contraignant) : ce serait une fierté que la France s'en porte pilote. Rien cependant ne donne signe en ce sens. Ne serait-ce que sur le plan de la considération du grand âge et de ses besoins, cela constituerait un tournant très réel et éloignerait le spectre de mesures eugéniques envers les personnes dépendantes.

CHARTE DES DROITS ET DES LIBERTÉS DE LA PERSONNE ÂGÉE VULNÉRABLE (VERSION 2015 SIMPLIFIÉE)

- droit au choix de vie (choix du mode de vie) ;
- choix du lieu de vie (institution, famille d'accueil) ;
- droit au maintien d'une vie sociale (lutte contre l'isolement, présence des proches et vie affective) ;
- maîtrise du patrimoine et des revenus ;
- liberté de conscience et pratique religieuse ;
- droit à la prévention de la perte d'autonomie ;
- droit aux soins, droit au respect de la fin de vie et des directives anticipées ;
- exercice des droits (vote) et droit à la protection juridique (curatelle et tutelle).

Au-delà de cette limite, aucun ticket n'est plus valable

Ne sais-tu pas que la source
de toutes les misères de l'homme,
ce n'est pas la mort,
mais la crainte de la mort.
Épictète

À la fin, c'est toujours
la mort qui gagne.
Charles de Gaulle

J'écris ce chapitre dans un moment où j'accompagne un proche ami en service de soins palliatifs vers l'extrême fin. Le ton légèrement badin que je souhaite donner à ce livre ne « prenant » plus et, au contraire, l'évidence de l'éternité de ce moment s'imposant, j'ai décidé de déménager vers le dernier chapitre en sautant au-dessus de plusieurs autres.

Le sociologue Guillaume Cuchet est le seul à avoir envisagé la mort des boomers autrement que sous l'angle financier ou économique. Dans un beau texte[1], il s'interroge sur la manière de mourir des boomers. Vont-ils « changer la mort », ou plus précisément changer les ultimes moments comme l'a anticipé le remarquable film *Les Invasions barbares*[2] ? Dans ce film, un boomer tel qu'on l'imagine trop souvent, c'est-à-dire à l'issue d'une vie d'épicurien et de liens sentimentaux et sexuels multiples, affronte ce dernier moment en conformité avec sa vie : après un bon repas et entouré de ses amis, femmes et maîtresses. Il leur laisse alors ce seul viatique : « C'est votre sourire que j'emporterai... » Ce sourire au bord de l'abîme fait penser à celui du lieutenant Drogo qui, voyant les Tartares[3] arriver au moment précis où lui-même va quitter ce monde, n'a qu'une réaction : il sourit.

« Désert des Tartares », « invasions barbares », le lien existe aussi entre ces deux titres. Les boomers, du fait de leur nombre, se retireront-ils dans une atmosphère de fin du monde ou de panique ? Ou, au contraire, ce même nombre impliquant la répétition et l'habituation aura-t-il banalisé la mort au point qu'on y accordera peu d'attention ? De tout cela nous ne savons rien. De la permanence de notre destin individuel, nous savons un peu.

---

1. Guillaume Cuchet, « La mort annoncée des baby-boomers : un possible tournant anthropologique », *Argument*, vol. 17, n° 2, 2015.
2. Denys Arcand, *Les Invasions barbares*, 2003.
3. Dino Buzzati, *Le Désert des Tartares*, Robert Laffont, 1949.

Morts en série

Après avoir accompagné bien des malades dans cette fin de parcours, je ne suis pas sûre qu'à titre individuel elle change beaucoup en comparaison de ce que je vis une nouvelle fois dans le service de soins palliatifs de l'hôpital de Bordeaux. Ne pas souffrir, ne pas être seul me paraissent deux besoins intangibles auxquels, boomers ou pas, nous souscrivons tous et souscrirons toujours. À cette certitude que l'homme n'est pas fait pour mourir seul, j'en ajoute une autre : il n'a pas été programmé pour connaître la date et l'heure de sa mort.

Pour cette raison, la fin approchant, la volonté de connaître, autant qu'il peut l'être, le délai prévisible (un jour ? une semaine ?) est plus incertaine. Pourtant, je crois que notre génération y sera plus ouverte que cela n'a été le cas dans le siècle précédent. Dire la vérité à celui qui est proche de mourir n'est pas un exercice facile, et j'avais pour ma part l'habitude de ne pas l'imposer brutalement, mais de répondre clairement si on m'interrogeait. Cette pratique de la vérité brute est de plus en plus générale au point qu'aux États-Unis le médecin peut être condamné pour ne pas avoir donné une information complète et précise. Cet usage me paraît cependant doublement négatif, car la judiciarisation de la médecine a surtout un but lucratif, mais aussi pour une tout autre raison : faut-il imposer ce qu'à l'évidence on ne veut pas savoir ?

Sur ces trois points – solitude, souffrance, connaissance –, je crois que, pas davantage que ceux qui nous précèdent, nous serons radicalement différents. Mais il reste cependant bien des interrogations liées à la fois au contexte de surmortalité et à notre expertise particulière du grand âge.

Comme les autres, les boomers devront consentir à mourir et, particularité forte, ils vont le faire massivement, sinon tous ensemble. Ce n'est en effet qu'une assez faible proportion d'entre eux qui s'y sont déjà résolus. Les trente années qui s'ouvrent non seulement devant eux, mais aussi à la société tout entière sont remarquablement inédites. Comme un paquebot qui sombre avec passagers et équipage, une génération entière va mourir dans le même espace de temps qu'elle est née. Après les Trente Glorieuses s'ouvrent, prudemment encore, mais sûrement, les « Trente Pleureuses ».

Les boomers ont, en effet, échappé aux grandes hémorragies qu'ont constituées les deux guerres mondiales, aggravées encore par les maladies infectieuses et les complications obstétricales et néonatales qui demeuraient bien présentes dans la première partie du XXe siècle. Ce ne sont au contraire que des saignées, dramatiques elles aussi, mais relativement limitées, qui ont amoindri leurs rangs. Dans l'ordre d'importance numérique : les cancers (et en particulier les cancers liés au tabac et à l'alcool), le sida et les accidents de la route. Nulle statistique ne permet aujourd'hui d'avancer un chiffre absolument précis de ceux qui sont aujourd'hui vivants relativement au nombre de naissances (parce que des apports de population extérieure sont survenus), mais ce pourcentage avoisinant 83 %[1] constitue de manière certaine une spécificité de cette génération, inconnue jusqu'alors et dont on ne peut qu'espérer qu'en l'absence de conflit majeur ou de pandémie elle s'améliore encore dans les temps futurs, car cela sous-entendra la poursuite des progrès de la médecine.

C'est bientôt un nombre de décès de beaucoup supérieur à celui des naissances qui va remplir les documents d'état civil des communes et les rubriques « carnets et faire-part » des journaux. Ces derniers ont d'ailleurs pris les devants, et les annonces de naissances et de mariages s'effacent loin derrière les avis de décès, mais ceci sans autre raison que l'évolution des usages.

Nous sommes encore loin des records attendus, à défaut d'être espérés, de près de 800 000 décès annuels et d'un solde clairement négatif entre naissances et décès. En comparaison, le solde de 164 000 bébés surnuméraires aux décès en 2017[2], considéré aujourd'hui comme « historiquement bas », sera alors requalifié en « historiquement favorable ».

Nous ne mesurons certainement pas encore l'impact sociétal de cet angoissant déséquilibre entre nombre de décès et de naissances. La mort, si bien refoulée, cachée, institutionnalisée, éloignée, depuis un demi-siècle, va avoir grand mal à ne pas réclamer de retrouver sa juste place. Une augmentation de 25 % à 30 % du

1. Ce qui correspond, avec le même degré d'incertitude, à 20 millions de boomers vivants aujourd'hui.

2. 767 000 naissances contre 603 000 décès.

nombre de morts, portant à 2 000 le score quotidien, va avoir des conséquences matérielles majeures, mais plus grand encore sans doute sera l'impact psychologique. Il suffit de se souvenir de la canicule de 2003, qui a marqué les esprits : 19 000 morts en France en un peu plus de quinze jours, ce qui a causé non seulement l'engorgement des services d'urgence et des entreprises funéraires, mais une prise de conscience brutale de la fragilité et de l'isolement des grands âgés. La « canicule » qui se prépare risque, quant à elle, de durer trente ans, quelle que soit la température extérieure…

Legs et contrats d'obsèques

Il n'y a jusqu'alors que quelques organismes qui se sont emparés de cette prévision, laquelle pourtant, ce qui n'est pas coutume, est une certitude. Les plus attentives sont les fondations et les structures apparentées investies dans des causes variées, humanitaires, sociales, environnementales, culturelles, qui d'ores et déjà inondent les médias de publicités pour les dons et les legs, de manière particulièrement intense en période de déclarations d'impôts ou à l'approche des fêtes, qui incitent à la générosité.

Pour le boomer ordinaire, se lever chaque matin en guettant sur les antennes quel organisme l'invitera à alléger son patrimoine, quand il en a un, n'est pas excessivement stimulant pour le reste de la journée, mais, heureusement ou hélas, tous ne pensent pas que ces invitations leur sont destinées. Reconnaissons cependant que ces organismes, très nombreux, ont un besoin particulier de la générosité publique et d'une communication soutenue dans le contexte quasi général de réduction des dépenses publiques.

Les entreprises funéraires américaines développent aujourd'hui des propositions variées qu'elles espèrent alléchantes pour des funérailles sortant du commun. La France paraît, de ce point de vue, assez en retard, retard dont pour une fois j'aurais tendance à me féliciter ne serait-ce que parce que nous ne savons pas ce que seront les funérailles de demain.

Nous pouvons cependant d'ores et déjà choisir entre différents modèles de cercueil, « traditionnels ou plus actuels », écoresponsables ou personnalisés et même variables dans leurs formes et leurs couleurs si l'on veut manifester un goût ou une appartenance particulière à une région, une profession ou un hobby. Un effort encore, et la variété des propositions de contrats obsèques couvrira des catalogues entiers.

Changer la mort ?

Les boomers, qui ont bousculé le système éducatif, transformé le mariage ne serait-ce qu'en le multipliant, banalisé le divorce, mis un coup de frein à la natalité vont-ils aussi révolutionner la mort et ce qui l'entoure ? C'est d'abord à eux qu'incombe le job, et je ne suis pas sûre qu'ils soient nombreux à en avoir jusque-là pris conscience.

Leur expérience de la mort n'est, en effet, pas celle des générations antérieures. Nulle guerre, nulle pandémie, nulle catastrophe mondiale ne l'a installée par milliers d'exemplaires devant leurs yeux. Même leurs parents ont vécu ou vivent jusqu'à un âge avancé, dont ils découvrent d'ailleurs en les accompagnant les difficultés. Un peu plus, à l'exception de ceux qui ont traversé l'épreuve du cancer ou du sida pour eux-mêmes ou leurs proches, ils se croiraient immortels…

Un livre paru en 1977 et signé de deux auteurs alors très connus, Pierre Viansson-Ponté[1] et Léon Schwartzenberg[2], portait le beau titre de « Changer la mort[3] ». Si le livre, centré sur le cancer, a connu un immense succès, reconnaissons que vingt ans après son titre a fait peu d'adeptes. Le cancer est plus souvent guéri et les rémissions sont plus longues, l'accompagnement de la fin de vie a été développé, mais la mort n'a pas réellement changé.

Les rites funéraires ont, par contre, largement évolué vers la simplification. Plus de processions, de cortèges, de voitures d'apparat ni de débauches de draperies à l'entrée des églises. Le souvenir de ce faste est conservé au musée des Pompes funèbres de Vienne (Bestattungsmuseum). La fin de l'empire des Habsbourg et le XXe siècle en ont eu définitivement raison.

---

1. Pierre Viansson-Ponté (1920-1979) était chef du service politique du journal *le Monde*.

2. Léon Schwartzenberg (1923-2003) a été cancérologue, puis fugitif ministre.

3. Pierre Viansson-Ponté et Léon Schwartzenberg, *Changer la mort*, Albin Michel, 1977.

Mais l'évolution la plus radicale s'est faite avec l'essor de la crémation. Autorisée par la loi depuis 1889, mais condamnée par l'Église catholique jusqu'en 1963, la crémation était demeurée quasi confidentielle jusqu'aux années 1970 et, dix ans plus tard, elle ne concernait toujours que 1 % des décès. Ce sont aujourd'hui 34 % des décès qui sont suivis de crémation et 50 % des Français qui déclarent y être favorables pour eux-mêmes. On note une prépondérance dans les grandes villes et dans l'est de la France, plus marqué par la culture protestante. Ce rite demeure interdit dans les religions musulmane et juive, sauf, pour cette dernière, aux États-Unis.

L'essor continu de cette pratique va de manière certaine se confirmer avec l'épidémie de mort des boomers, ne serait-ce que du fait de leur volonté exprimée de ne pas peser sur leurs descendants, avant comme après la mort. La crémation, moins chère que l'achat d'une concession si on n'en dispose pas, moins nécessiteuse en espace que l'inhumation, ne verra probablement pas son succès croissant se démentir. Les grands cimetières et, premier d'entre eux, le Père-Lachaise commencent à s'équiper d'un crématorium et à offrir des murs percés de niches pour accueillir les urnes funéraires, ce qui produit un effet général de collection de potiches de formes et de tailles diverses, plus proche de la brocante que de la beauté métaphysique des cimetières militaires. Les villes du Nord sont très en avance de ce point de vue et, à Londres comme à Copenhague, ce sont déjà 90 % des funérailles qui sont concernées par la crémation.

Des philosophes tels Régis Debray refusent cette « mort sans domicile fixe ». « Là où il n'y a pas de lieu, il n'y a pas de lien[1] », et cet ami du sacré, qu'il soit laïc ou religieux, manifeste sa préférence pour les lieux traditionnels de souvenir et de méditation que sont les tombes et les cimetières. Je partage ce sentiment, car c'en est un, et il ne correspond ni à un rejet ni à un choix philosophique ou religieux.

La crémation a elle-même désormais un concurrent plus « éco-friendly ». L'État de Washington, jugeant que ce processus dégageait du gaz carbonique et des particules fines, vient de rendre légal le compostage du corps des défunts. L'inhumation est faite directement dans un linceul ou un cercueil biodégradables, le corps recouvert d'un paillis de bois accélérant la décomposition. Au bout de quelques semaines, on peut disposer ainsi d'une petite brouette de terre arable, « ce qui donne un sens à l'utilité du corps après la mort ».

La semonce métaphysique de la Genèse (3,19) « Tu es poussière et tu retourneras à la poussière » est en quelque sorte, tant soit peu, adoucie par la promesse de servir à semer et planter. On ne sait pas encore le succès que rencontrera la généreuse proposition de l'État de Washington, mais, pour avoir inhumé dans mon jardin un animal familier selon un protocole peu différent, j'ai quelque difficulté à imaginer que je planterais de bon cœur dans « la terre de mes ancêtres » selon la nouvelle acception qu'il faudrait alors donner à ces mots.

---

1. Régis Debray et Edgar Morin, « On n'arrive pas encore à regarder la mort en face », *Le Monde*, 13 septembre 2018.

Cette légalisation, un peu inattendue et ne faisant l'objet d'aucune réclamation des partis écologistes, ne va pas sans rappeler un film prémonitoire, *Soleil vert*[1], qui mêle les enjeux climatiques et les risques de surpopulation. Face au manque de nourriture naturelle, une entreprise produit des comprimés de composition non déterminée. Un enquêteur s'en soucie et parvient à établir que la matière première vient du compostage des corps de ceux que la famine a poussés au suicide ou à l'euthanasie. De manière assez frappante, l'action se situe en… 2022. L'État de Washington n'a sans doute pas voulu être pris de court…

Malgré crémation et compostage, les cimetières traditionnels risquent longtemps encore de « n'en pouvoir mais ». Affichant déjà complet au cœur des villes, ils ont été massivement installés dans leur périphérie dans la seconde moitié du XXe siècle. Le prix du foncier urbain et la densification urbaine dont les boomers sont en bonne partie coupables n'incitent pas à espérer autre chose que la poursuite de cette relégation. Elle permet cependant, mieux que les cœurs de villes, de les faire évoluer en « poumons verts », particulièrement bienvenus dans des territoires saturés de constructions.

Cette évolution verte, moins radicale que le compostage, se substitue peu à peu à celle, minérale, des précédentes décennies, qui est couverte de pierres ou

1. Richard Fleischer, *Soleil vert (Soylent Green)*, 1974, inspiré du livre de Harry Harrison, *Make Room ! Make Room !*, 1966, paru en français sous le titre *Soleil vert*, Presses de la cité, 1974.

de petits monuments. Elle me paraît répondre à l'aspiration de ceux qui choisissent actuellement l'inhumation traditionnelle (avec soins funéraires) et incite les municipalités à végétaliser autant que faire se peut leurs cimetières communaux ; ceux-ci restent cependant très éloignés des cimetières germaniques immergés dans la nature, ses bruits et son silence.

Les conséquences de l'épidémie mortuaire

Au-delà de cet aspect très matériel, mais loin d'être secondaire, il est à prévoir que cette épidémie mortuaire aura des conséquences que nous sommes assez loin d'appréhender dans leur ensemble.

La plus évidente est celle des conditions mêmes de la mort. À l'heure actuelle, les besoins en services et réseaux de soins palliatifs sont loin d'être comblés. Malgré des plans successifs de développement, tous les pays restent très en deçà de ce qui est nécessaire et ne se précipitent pas pour satisfaire des besoins qui augmentent d'année en année. À l'approche de la disparition des boomers, il s'agit d'une authentique urgence qui risque pourtant de n'être pas satisfaite comme elle le devrait dans les dix années à venir. Les responsables des politiques de santé, majoritairement pourtant boomers eux-mêmes, tardent gravement à en prendre conscience.

Les réseaux de soins palliatifs dont les équipes se déplacent soit au domicile soit dans les établissements de santé ou les Ehpad manquent de manière plus aiguë encore, d'autant que l'accélération continue des décès rend peu probable le maintien du taux actuel[1] de 58 % de morts à l'hôpital. Il faudrait pour cela, dès maintenant, voir naître des projets d'extension ou de multiplication de ces établissements, alors qu'au contraire la tendance est de réduire le nombre de lits ou de fermer des services. Rappelons une fois encore qu'il faut plus de dix ans pour construire un hôpital et qu'aucun signe n'est donné de la prévision des besoins imminents liés au grand vieillissement et à la mort des boomers.

Obligation de fait ou nouvelle tendance, sans doute faut-il donc prévoir un retour de la mort à domicile, qui ne sera acceptée et acceptable qu'à la condition, là-aussi, d'un effort considérable de développement des soins et de l'hospitalisation à domicile. Même raisonnement et même besoin pour le développement de « l'Ehpad à domicile », tous dispositifs nécessitant des investissements de santé et un nombre de personnels considérables. « Vieillir chez soi » a désormais remplacé l'antienne de la génération de mes parents qui exprimait sa volonté de « mourir chez soi ». L'expérience hospitalière m'a appris que ce « mourir chez soi » était désormais entaché de crainte : crainte de souffrir, de n'avoir pas de soins suffisants dans les moments aigus, mais aussi crainte de perdre des chances.

Si le développement de la culture et des structures palliatives atteignait un niveau satisfaisant aux besoins,

---

1. 58 % des décès ont lieu dans des établissements de santé, qui sont pour 78 % des hôpitaux publics, selon un rapport de l'IGAS en 2010.

on pourrait alors concevoir que la peur, non de la mort, mais des dernières semaines ou derniers jours de la vie, serait susceptible de s'atténuer. « Je n'ai pas peur de la mort, mais j'ai peur de mourir » constitue une sorte de leitmotiv d'un grand nombre de citations d'auteurs anciens ou contemporains. L'image d'une mort solitaire, physiquement douloureuse et/ou dans un état de démence, entre pour beaucoup dans le désir d'abréger la vie et d'en décider le moment. Ce sont ces craintes qui doivent faire l'objet des « directives anticipées » qui ont pour objet de préciser les conditions dans lesquelles on voudrait, ou non, que sa propre vie soit interrompue, ce qui à l'heure actuelle aurait lieu sous la forme d'arrêt des soins et de sédation terminale (loi Claeys-Léonetti, 2016). Ajoutons que la rédaction de directives anticipées n'influe nullement sur le jour ni l'heure de la mort et qu'elle peut éviter des décisions difficiles à ses proches comme le démontre les années de procédure accompagnant la fin de vie de Vincent Lambert.

La mort en douce

Le deuxième sujet majeur est celui qu'on appelle pudiquement « la fin de vie ». L'état actuel de la législation française n'autorise pas le suicide assisté ni l'euthanasie, mais plusieurs éléments laissent à penser que ces deux vocables trouvent une place de plus en plus importante dans les débats à venir.

Le premier de ces éléments est la personnalité même des boomers, désireux de décider ou du moins de conserver au maximum le contrôle de leur vie jusqu'à sa fin. Le choix d'une mort anticipée, préparée, peut répondre à cette exigence. D'autre part, le moindre nombre d'aidants familiaux (et principalement d'enfants en ligne directe) peut accuser encore la dureté des derniers mois dont le coût à la fois individuel et social est lourd. Enfin, les boomers sont déjà et seront dans dix ans encore plus nombreux à avoir accompagné leurs parents dans la dernière étape de leur vie. Beaucoup disent déjà qu'ils ne veulent pas « imposer cela à leurs enfants » et peut-être, pour ce faisceau de raisons, seront-ils de plus en plus nombreux à demander à « ne pas être prolongés » et à refuser l'« obstination déraisonnable ».

L'éthique suit, hélas, plus souvent la nécessité que l'inverse. L'augmentation considérable du nombre de grands âgés dépendants (1,6 million en 2030, 4 millions en 2050), la rareté de leurs accompagnants professionnels ou familiaux, le coût individuel et social de cette période sont des arguments susceptibles d'amener à modifier les textes actuels régissant la fin de vie et à légaliser l'euthanasie comme c'est le cas en Belgique depuis 2002.

J'ose dire que c'est un sujet où je suis en quelque sorte agnostique. Le choix de l'euthanasie par une personne disposant de ses facultés mentales et dans une situation qui ne connaît pas de solution médicale est pour moi très proche du suicide dans semblables conditions. Montherlant quand il devient aveugle, Hemingway quand il prend conscience d'être au bout font un choix d'hommes libres, et ce choix est respectable. Le suicide médicalement assisté en raison d'écrits antérieurs, quelquefois lointains, ne va pas sans interrogations. Mon inquiétude, ma crainte, est que la légalisation amène à la situation belge. D'ores et déjà, dans ce pays, on constate que ce sont les malades d'Alzheimer qui sont les plus nombreux à « bénéficier » de ce droit. Est-il besoin d'en dire davantage ?

Peut-on envisager que c'est autour du moment de cette mort décidée que les rites pourront évoluer, au point justement de pouvoir utiliser le terme de « rites » ? Le moment de l'assistance au suicide sera-t-il demain, si celui-ci a acquis droit de cité, entouré d'expressions ou de manifestations diverses dans leur tonalité comme dans leur signification ? Hommage à la vie qu'on a vécue, cérémonie philosophique, moment culturel, tout est imaginable en fonction des désirs du pas encore défunt et de ceux de son entourage. La première de ces possibilités, l'hymne à la vie, est celle qui est imagée dans le film *Les Invasions barbares*, précédemment cité, mais je n'ai connaissance d'aucun exemple concret pouvant appuyer cette préfiguration, non plus qu'aucune autre.

Deux situations très différentes concernant ce moment légal d'euthanasie n'ouvrent pas aux mêmes réflexions ni aux mêmes hypothèses. Si la personne qui a pris la décision est consciente (comme dans le film déjà évoqué ou dans celui de Stéphane Brizé *Quelques heures de printemps* en 2012), le rite peut être alors celui d'un adieu partagé, joyeux ou déchirant, épicurien ou stoïcien ; s'il s'agit de l'exécution d'une directive anticipée qui n'a pu être confirmée du fait des troubles cognitifs du malade, celui-ci meurt alors sans en avoir conscience ou du moins sans donner signe d'en avoir conscience, éventuellement sans autre présence que celle de l'exécuteur de la directive. Cette « mort en douce » a quelque chose d'assez terrifiant.

Les « Trente Pleureuses » le seront-elles vraiment ?

La surabondance de morts aura-t-elle un impact notable sur la société d'après 2030 ? Cette société en aura-t-elle seulement conscience ou, au contraire, tentera-t-elle de l'effacer comme elle le fait aujourd'hui pour les morts isolés ou les morts de la rue ? Comme dans la brève séquence de la canicule de 2003, elle percevra obligatoirement le manque de places d'hospitalisation pour les malades aigus comme pour les déments, le déficit quasi inéluctable de structures de soins palliatifs et l'engorgement des services mortuaires et funéraires. À moins bien sûr que d'ici là une prise de conscience brutale et rapide de la gravité du sujet et de son caractère prioritaire ne rende cette situation caduque, ce que l'on ne peut qu'espérer.

Le pire n'étant jamais sûr, imaginons que ces questions soient au moins en partie prises en compte. La disparition massive d'un pan entier de la société imprimera sans doute de sa marque ce que j'appelle pour cette raison « les Trente Pleureuses ».

Dans la meilleure des hypothèses, cette « mort en série » est susceptible de familiariser au fait comme au vocable et à la faire sortir du relatif anonymat où elle est aujourd'hui tenue. Le noir du deuil et les veillées funèbres, comme la seule présence du corps dans la maison du défunt, ont disparu avec l'arrivée du XXIe siècle. Mon père est demeuré « chez lui » jusqu'à son transport funéraire (1998) et je n'ai pas connu d'autre exemple depuis lors.

Cette « aventure horrible et sale[1] », nous avons peu de goût même à la nommer ou à l'écrire, et elle demeure, au jour le jour, dans un anonymat presque total. Le mot « mort » lui-même a déserté les colonnes des journaux et jusqu'aux rubriques nécrologiques, où les « rappels à Dieu » baissent en fréquence au profit des « disparitions », des « envols » ou des « départs pour le grand large ». Le « passage à l'Orient éternel » ne fait que de rares apparitions, et ce sont les « décès » qui conservent opiniâtrement la cote la plus haute, comme la douleur ou la grande tristesse qui les accompagne. Mais de mort : point…

La mort est aujourd'hui très loin de faire partie de la vie, à une fugitive expression près : à l'hôpital, accompagnant fréquemment des proches au lit d'un malade qui venait de mourir, j'ai presque systématiquement entendu l'un ou l'autre dire : « C'est la vie ! »… Expression qui, dans l'instant, paraît ridicule et inappropriée, mais qui est en réalité parfaitement juste.

La mort, demain, un demain très proche, sera-t-elle mieux intégrée à la vie, plus souvent accompagnée au

1. Albert Camus, *Carnets I*, Gallimard, 1962.

domicile, plus et mieux entourée de proches, moins furtive, je n'en sais évidemment rien, mais je voudrais le croire. Paraîtra-t-elle plus « naturelle », plus « acceptée », si elle est, comme précédemment évoqué, prévue, choisie, organisée ? Ou bien, tout simplement sera-t-elle banalisée, comme on semble le déceler déjà dans la Belgique flamande où la fréquence des actes d'euthanasie est la plus grande ? C'est à mon sens la pire des hypothèses : la mort banalisée, expédiée, dépourvue de recueillement comme de solennité est la porte ouverte à toutes les violences et pertes de sens. Il lui faut quelque apparat pour habiller sa douleur.

Au-delà de l'accompagnement d'une mort décidée et de l'adieu à celui qui l'a souhaitée, les cérémonies funéraires, religieuses ou laïques sont-elles susceptibles d'évoluer de manière spectaculaire au cours de ces vingt à trente années de deuils « surnuméraires » ? Les boomers, qui se sont très largement éloignés de la pratique religieuse au cours de leur vie, s'en rapprocheront-ils *in fine*, par exemple, après le coup de semonce d'un veuvage ou de la perte d'un proche ami ? Rempliront-ils demain les églises et les temples comme fugitivement leurs parents l'ont fait autour de 1950, sans qu'aucune donnée nouvelle soit survenue ?

Malgré la densification imminente des décès, peu d'éléments permettent la prévision. Aujourd'hui, une messe ou une bénédiction fait fréquemment partie de la cérémonie funéraire, y compris de défunts dont la pratique religieuse s'est interrompue depuis longtemps. Peut-être en sera-t-il de même dans les années à venir, soit du fait d'un regain religieux lié à la densité des décès, soit par défaut de toute autre proposition à caractère spirituel.

Vers des cérémonies funéraires en perte de sens

Les obsèques de Johnny Hallyday, suivies par toutes les grandes chaînes de télévision, se sont terminées à l'église de la Madeleine par un office religieux, et c'est aussi le cas de celles d'autres vedettes de la même période comme Dick Rivers. Un peu différemment, les funérailles des derniers présidents de la République ont eu constamment lieu dans des cathédrales et non au Panthéon, comme la laïcité de l'État aurait pu l'indiquer. François Mitterrand, né en 1916, est très loin d'être un boomer, mais ses dernières volontés concernant ses funérailles sont pourtant porteuses de l'invincible doute qui a imprégné notre génération : « Il pourrait y avoir une messe. »

Les cérémonies laïques demeurent en effet à ce jour relativement peu fréquentes en dehors de celles, toujours brèves, qui ont lieu avant les crémations sur les lieux mêmes.

Ces cérémonies au sein des crématoriums sont le plus souvent sommaires et laissées à la charge des familles ou des très proches : musique enregistrée, une ou deux prises de paroles de témoins de la vie du défunt, pas de célébrant ni de présence que l'on puisse qualifier d'officielle, comme c'est le cas pour les mariages civils.

Ajoutons que les obédiences maçonniques ont des rituels spécifiques pour « prendre congé » d'un frère ou d'une sœur « passé à l'Orient éternel », auxquels les familles et les proches peuvent participer. Des associations ou des entreprises proposent ici ou là d'organiser ces cérémonies funéraires et d'en fournir les décors, mais cela paraît à ce jour encore balbutiant, bien que répondant à un indiscutable besoin. Pour ma part, je crois que les groupes, tels que syndicats, associations, ordres, devraient réfléchir à un accompagnement formalisé pour ne pas laisser les familles seules en cas de décès de l'un de leurs membres.

Nous avons voté à l'Assemblée nationale, en 2017, l'obligation pour les municipalités de mettre à la disposition de leurs administrés une salle digne de ce rôle pour accueillir des cérémonies laïques, funéraires en premier lieu, mais je ne vois guère les communes s'y précipiter. S'il y a pourtant un moment où le sens du sacré est perceptible par tous, c'est celui de l'adieu au mort. Dans un siècle où les religions chrétiennes perdent de leur importance, ne pas offrir le secours d'un lieu suscitant l'élévation et la méditation risque de susciter un manque profond où se précipiteront soit des commerçants soit des pratiques irrationnelles.

J'ai toujours pour ma part conçu un grand étonnement et un grand regret que la République accompagne davantage les mariages que les funérailles. Le mariage peut être défait et renouvelé ; la mort ne frappe en règle qu'une fois. Et, surtout, tant de citoyens se sont dévoués pour elle et devraient être salués pour cela par leurs élus, ou au minimum par des fonctionnaires dédiés comme c'est le cas pour les mariages civils. Rien n'est prévu pour cela, favorisé et moins encore institutionnalisé.

Ce grand regret d'une cérémonie laïque signifiante a pris toute son ampleur un mois d'août dans un village landais. Ce jour était celui des funérailles d'une institutrice de la génération des « hussards noirs de la République », qui avait consacré sa vie à cette mission, ne ménageant ni ses jeudis qui étaient alors le jour sans école ni ses samedis. Vaillamment, elle-même et son époux, mort beaucoup plus tôt et lui aussi instituteur et directeur de l'école, avaient ainsi, avant et pendant la guerre, représenté la République dans ce village.

L'enterrement eut lieu dans le cimetière du village, dans une chaleur et un silence tous les deux également de plomb. N'étaient réunis là que le fils et la fille du couple ainsi qu'une maigre poignée de leurs amis. Aucune personnalité de la hiérarchie scolaire ne s'était déplacée, nul n'avait pensé à rassembler les enfants présents dans le village ni leurs parents pour évoquer l'histoire admirable de ce couple d'enseignants. Le moment était tellement solitaire et poignant que, n'ayant pourtant aucun titre pour cela, j'ai prononcé quelques paroles d'allure officielle, mais surtout je me suis juré de défendre l'exigence de cérémonies laïques pour ceux qui ne désirent pas faire appel aux « secours de la religion », y ajoutant l'exigence d'un hommage républicain de la bouche d'un élu chaque fois qu'il serait souhaité ou qu'il s'imposerait eu égard aux engagements du défunt. Hors du vote à l'Assemblée nationale et de nombreuses interventions en conseil municipal de Bordeaux, je n'ai guère pu faire progresser le dossier. L'imminente multiplication des morts l'imposera peut-être, sous condition à la fois d'une mobilisation en ce sens de notre génération et de propositions législatives.

Je me plais à imaginer que la disparition des boomers sera à l'origine d'un océan de regrets de cette génération qui aura alors bouleversé la société à toutes les étapes de sa vie. « Beaux bébés », ils ont été appelés à se multiplier par le général de Gaulle ; étudiants effervescents, ils se sont pris pour des révolutionnaires et, de fait, ils l'ont été ; retraités, ils ont compris que le travail, ce n'était peut-être pas la santé, mais que la longévité, c'était l'activité, la participation et le partage ; grands âgés, ils se sont battus pour n'être pas quittés par leur cerveau avant tous les autres organes parce qu'ils voulaient être là jusqu'à la fin.

N'en étant pas vraiment sûre, je me contente d'être surprise de l'absence presque totale d'anticipation de cette disparition massive et totalement inédite. L'arrivée des rangs serrés des bébés boomers n'avait pas été prévue, ce qui est relativement compréhensible, mais leur départ au contraire est inéluctable et presque mathématique. Seuls les économistes, les financiers et les investisseurs se sont penchés jusqu'alors sur l'« après-boomer » autour des années 2050. Une étude américaine prévoit que la disparition de la génération du baby-boom correspondra au plus grand transfert de richesse de l'histoire des États-Unis et l'évalue à 68 000 milliards de dollars. Mais les financiers, de ce côté comme de l'autre de l'Atlantique, mettent en garde les éventuels héritiers sur les facéties possibles des boomers : avoir consommé une partie de leurs « actifs » pour leur santé ou pour leur bien-être personnel ; et même être capables de tout donner à une cause humanitaire ou à quelque autre projet caché, compromettant ainsi les espérances des générations suivantes.

C'est dire... La « génération la plus riche de l'Histoire » n'est pas pour autant la plus fiable en matière d'héritage et pour ma part je trouve cela plutôt réjouissant. Mieux vaut, pour les plus riches, faire vivre l'économie de son vivant et faire grandir au mieux ses descendants que verser son écot au dernier moment à un monde d'investisseurs.

Les prévisionnistes envisagent aussi une chute historique du prix du foncier. Sympathique, mais peut-être difficile à attendre pour un jeune couple qui souhaite aujourd'hui s'installer en ville et y trouver du travail.

Quelque peu attristante, même avec une provision maximale d'humour, est l'absence de toute autre prédiction à l'issue du siècle des boomers. La natalité aura alors diminué, n'y aura-t-il pas l'étrange sentiment d'un vide qu'aura « acutisé » la succession rapide et le nombre des morts ? La trace que ces boomers, favorisés jusqu'à maintenant, laisseront importe dans le vécu de leur disparition, mais ils ont encore le temps de la construire, car le plus important est devant eux : faire de la longévité une chance qui ne soit plus seulement individuelle, mais commune à tous les âges et à tous les pays et territoires.

Je crois par ailleurs impossible de faire quelque prédiction sur l'état du monde après 2050. Tant de choses auront changé du climat aux ressources naturelles et à l'éventualité d'épidémies inconnues, des systèmes politiques aux bouleversements technologiques, tant de naissances seront survenues pour nous remplacer que nous ne savons en vérité quoi craindre ni quoi espérer. Et personne ne sera là pour nous informer…

Postface

Les boomers ne doivent pas être un accident de l'Histoire et ne laisser d'autre souvenir que l'encombrement des maternités, puis celui de leur déferlement sur les pavés de la révolte. Ils sont aujourd'hui pour une grande part d'entre eux aux affaires ; il n'est certainement pas trop tard pour réaliser que la marque qu'ils ont à laisser tient encore davantage à la manière dont ils pensent l'impact de leur longévité sur la société qu'à celle dont ils ont conçu cette même société dans leur jeunesse et qu'ils ont bouleversée, comme d'ailleurs ils vont la bouleverser et sans doute même plus profondément. Nous n'avons pas voulu être des bourgeois qui, comme les cochons, « plus ils deviennent vieux, plus ils deviennent cons[1] ». Eh bien, justement, le moment est arrivé.

« Penser leur âge » n'est pas un enjeu individuel. Du comportement des quinquas, sexas et septuagénaires d'aujourd'hui et des vingt prochaines années va dépendre pour une part importante l'adaptation de la

1. Jacques Brel, « Les Bourgeois », *Les Bourgeois*, 1962.

société aux multiples défis de la longévité. Société participative, ou société du rejet, lutte des âges se superposant à la lutte des classes ou pacte intergénérationnel, c'est littéralement le « développement durable » dans toutes ses composantes qui est en question.

Bien sûr, les boomers ne sont pas seuls en cause. Les jeunes générations doivent, elles aussi, faire leur révolution et mesurer à quel point les données sont différentes de celles que nous avons vécues. Inutile de pointer du doigt ou du poing leurs aînés, auraient-ils traversé le même temps de l'Histoire, leur jeunesse se serait sans doute développée peu différemment.

Nous étions jeunes, initialement beaucoup plus à l'abri des drogues et des addictions, mais nous n'étions ni plus ni moins révoltés, seulement les objets de la révolte étaient différents. À une société française figée, statufiée dans son évolution par deux guerres meurtrières qui ne laissaient que le choix de survivre, a succédé une société plus nombreuse, plus perméable aux influences extérieures, plus « mondialisée », où tous ne trouvent pas leur place. Le travail a changé comme le goût qu'on en a, les métiers ont évolué, certains sont apparus, en particulier du fait de la révolution numérique, d'autres ont disparu et d'autres, encore plus nombreux, vont disparaître. Très peu de champs professionnels ont conservé toute leur place et leur sens : ceux de la santé et de l'éducation sont les plus évidents. La santé n'a pas vu son accès modifié pendant le dernier demi-siècle : des études exigeantes, mais la certitude de l'emploi, même si les modalités d'exercice n'en sont bien souvent pas les mêmes. Tous les métiers concernés (médecins, infirmiers et aides-soignants, auxiliaires de vie, etc.) sont appelés à se développer, et ceci dans tous les pays ; et les instances internationales plaident pour qu'ils ne soient nulle part limités.

L'autre champ qui n'a jamais été aussi nécessaire est l'éducation et la formation sous ses divers aspects et dans tous ses étages, de la maternelle à l'enseignement supérieur, de l'apprentissage aux écoles d'ingénieurs. On devrait avoir envers ces métiers le niveau d'exigences, de temps de travail, de considération et de rémunération que l'on doit à leur impact déterminant sur l'avenir. Vaste programme qui n'a de chances que partagé par les acteurs eux-mêmes.

Pour tant d'autres, tout est bouleversé : le commerce n'est plus la petite boutique que l'on gère à sa manière, mais trop souvent l'appartenance à des chaînes puissantes qui parviennent à être les seules à avoir place dans les grandes villes du fait de la cherté des loyers. La finance n'est plus celle de la petite banque régionale qui soutient les initiatives locales. L'entreprise a été violemment bousculée par le numérique et l'on prédit que la valeur ne sera plus dans la possession, mais dans l'usage, et que le service et/ou la fonctionnalité du bien l'emportera sur le bien lui-même. Citons pour exemple de cette économie dite « quaternaire » la voiture partagée, qui fait l'office de quinze voitures fabriquées, réduisant ainsi pollution et prélèvement des ressources[1].

---

1. Nicolas Menet et Benjamin Zimmer, *Start-up, arrêtons la mascarade : contribuer vraiment à l'économie de demain*, Dunod, 2018.

Et pour tout cela, nous sommes trop nombreux à ne concevoir que les modèles connus et sans doute trop peu à vouloir prendre le risque d'inventer. L'accès aux métiers est comme un tapis de jeu : il faut à la fois beaucoup de jetons et savoir où les mettre. Beaucoup n'ont reçu ni l'un ni l'autre et se sentent exclus de tout. Les jeunes sont révoltés, parce qu'ils ne maîtrisent pas les outils (dont le premier d'entre eux : la langue) et qu'ils ne savent pas vers où aller, sans doute en raison à la fois de l'accélération et de la mondialisation.

Nous étions nous aussi révoltés parce que nous savions où nous ne voulions pas aller : dans la répétition du monde ancien. Le train allait vite et la notion de progrès était évidente où qu'on regarde, mais ce n'était pas un train fou auquel on n'ose pas même s'accrocher. Même dans les plus belles inventions, comme le numérique, le progrès fait peur et donne l'impression de n'être plus maîtrisable. Nous craignons de n'avoir conquis notre liberté que pour risquer de la perdre sous l'empire des technologies nouvelles et/ou des algorithmes.

Dans le domaine de la santé aussi, où le progrès est exponentiel et devrait chaque jour davantage générer l'optimisme, l'inquiétude l'emporte souvent. Et si nous en venions à remplacer ces maladies que nous avons jugulées ou qui sont en passe de l'être par des maladies d'un autre ordre : la fabrique de crétins, en démolissant les tout jeunes cerveaux à la proie des écrans, les cerveaux adolescents par l'emprise des drogues, la vacuité ou la désespérance de tant d'adultes sous la main de fer du fanatisme ; et si, en plus, nous étions en train d'abandonner la terre aux dérèglements du climat et à l'épuisement des ressources. Faites l'expérience, à la lecture d'une revue ou d'un quotidien : une découverte positive ou une connaissance nouvelle est le plus souvent écrasée par une menace ou par une catastrophe déjà apparente.

Alors, comment construire ce pacte intergénérationnel qui valide ce que nous avons été et qui ne pèse pas sur l'avenir de ceux qui ont à être, mais au contraire le facilite ?

Une des clefs de ce pacte est d'augmenter le nombre d'actifs. Oui à l'activité prolongée des âgés, oui aussi à l'entrée plus précoce dans le travail des jeunes, mais au bénéfice pour les uns et les autres d'espaces de formation ou de découverte de nouveaux domaines tout au long de la vie.

La deuxième clef est la mise en valeur de tous les aspects des liens entre les générations. Pour parodier Malraux, « le XXIe siècle sera intergénérationnel ou ne sera pas ». Ou du moins : pas longtemps. Sur le plan familial, le soin aux parents est l'équivalent du soin aux enfants. Nous sommes très loin de le penser tous ainsi. Devenons à la fois plus nordiques en développant l'autonomie des âgés, et plus méditerranéens en valorisant et en facilitant l'aide aux ascendants pour les salariés, au même titre qu'on le fait quand il s'agit d'enfants.

Au-delà des liens familiaux, retrouvons la proximité, l'échelle humaine des générations précédentes ; retrouvons la dimension du quartier ou du village, le rôle du voisin, l'attention à l'autre, l'échange de capacités ou de biens sans avoir besoin de recourir aux sites qui le monnayent. Retrouvons la fraîcheur de Pagnol : « Tu me donnes de ta boulange, je te donne de ma chasse[1]. »

La troisième clef est la révision de la notion de succession, sujet qui en ce moment prend beaucoup d'actualité, ne serait-ce que par l'appétit que soulève, dans les milieux financiers, la disparition de « la génération la plus riche de l'Histoire », mais restons-en à une réflexion interne à notre génération. Il vaut mieux assurer un métier à un jeune (fils ou petit-fils), l'aider à se former y compris à l'étranger et à s'installer que lui transmettre un bien au moment où il sort de la vie professionnelle. Ce n'est pas le plus simple et cela, hélas, ne concerne pas ceux qui n'ont ni moyens ni patrimoine. Là, oui, l'État doit intervenir, instruire dès le plus jeune âge, compenser les inégalités au lieu de les aider à se reproduire, orienter assez tôt pour soutenir les plus jeunes dans des filières prometteuses, y compris à l'étranger. Je crois plus à Erasmus, aux prépas et à l'apprentissage qu'au baccalauréat, qui a aujourd'hui à peu près le même pouvoir d'ouvrir les portes que le certificat d'études d'autrefois. Pourquoi ne pas instituer ces prépas deux ans avant plutôt qu'« après le bac » ? Le matheux ne se découvrira pas moins matheux à 16 ans qu'à 18, celui qui ne l'est pas le comprendra encore plus vite. Pourquoi aussi ne pas réunir toutes ces formations avancées sous le terme d'« apprentissage », afin de redorer ce mot et

1. Marcel Pagnol, *La Femme du boulanger*, 1938.

de mettre à égalité un apprenti charpentier et un apprenti juriste ?

D'autre part, l'âge ne doit plus être paralysé par l'idée de devoir transmettre son bien comme l'ont été les générations précédentes, quitte à se priver de tout confort et de toute aide dans ses dernières années. Combien d'exemples où un grand âgé ne demande pas l'aide sociale pour qu'elle ne soit pas amputé de la succession. Quand le vieillissement dure quarante ans, il est logique de pouvoir l'utiliser pour soi-même. Pas coupable non plus, celui qui veut faire don de son bien à une cause qui lui tient à cœur ou à un service public en lequel il croit.

Ni profiteurs ni coupables, les âgés. Mais responsables, plus responsables que tous les autres, pour l'avenir et décidés à n'être pas exclus de sa construction. Mais, trop souvent, qui pour les entendre, pour leur porter crédit, pour les inclure dans les projets locaux comme nationaux ? Âgés nous sommes, conscients et mêmes experts de ce que cela signifie, n'attendons pas : donnons-nous mutuellement de la force, faisons-nous entendre et agissons.

Bibliographie

ALAJOUANINE Ghislaine, *Plaidoyer pour la convivance*, Hermann, 2017.

ALBOU Philippe, *L'Image des personnes âgées à travers l'histoire*, Glyphe et Biotem éditions, 1999.

BEAUVOIR Simone de, *La Vieillesse*, Gallimard, 1970.

BEAUVOIR Simone de *et al.*, « Manifeste des 343 », *Le Nouvel Observateur*, 5 avril 1971.

BERGERET-AMSELEK Catherine, *L'Avancée en âge : un art de vivre*, Érès, 2013.

BERRUT Gilles, *Les Papys qui font boom*, Solar, 2018.

BATTIN Jacques, *Le Vieillissement réussi*, Fiacre, 2015.

BIERMANN Nik, *Booming*, Anacharsis, 2015.

BONVALET Catherine, CLÉMENT Céline, « Un baby-boom, des baby-boomeuses ? Trajectoires professionnelles des femmes françaises issues du baby-boom », *EFG*, n° 24, 2016.

BONVALET Catherine, CLÉMENT Céline, OGG Jim, *Réinventer la famille : l'histoire des baby-boomers*, PUF, 2011.

BOUGEARD Christian, *Les Années 68 en Bretagne : les mutations d'une société (1962-1981)*, PUR, 2017.

BOULMIER Muriel, *Arrêtez de nous prendre pour des vieux*, Balland, 2013.

BRANA Pierre, DUSSEAU Joëlle, *Mai 68 à Bordeaux*, Geste éditions, 2017.

BREL Jacques, « Les Bourgeois » (chanson), 1962.

BRUGÈRE Fabienne, *Le Sexe de la sollicitude*, Seuil, 2008.

BUTLER Robert, *Why survive ? Being Old in America*, Harper and Row, 1975.

BUZZATI Dino, *Le Désert des Tartares*, Robert Laffont, 1949.

BUZZATI Dino, *Le K*, Robert Laffont, 1967.

CAMUS Albert, *Carnets I*, Gallimard, 1962.

CAPUANO Christophe, *Que faire de nos vieux ? Une histoire de la protection sociale de 1880 à nos jours*, Presses de Sciences Po, 2018.

CAUSSE David *et al.* « Liberté d'aller et venir dans les établissements sanitaires et médico-sociaux, et obligation de soin et de sécurité », ENSP, 2006.

CHATEL Tanguy, *Vivants jusqu'à la mort : accompagner la souffrance spirituelle en fin de vie*, Albin Michel, 2013.

CHAUVEL Louis, *Le Destin des générations*, PIF, 1998.

CLEGG Andrew *et al.*, « *Frailty in elderly people* », *Lancet*, 381, 752-62, 2013.

COEURNELLE Didier, *Et si on arrêtait de vieillir !*, Fyp, 2013.

COLLECTIF, « Vieux et chez soi », *Libération*, 25 mai 2017.

CUCHET Guillaume, « La mort annoncée des baby-boomers : un possible tournant anthropologique », *Argument*, vol. 17, n° 2, 13-26, 2015.

DARTIGUES Jean-François, « Vieillissement, cognition et perspectives de prévention », SCI 26, 224, 2007.

DARTIGUES Jean-François *et al.*, « *Epidemiology of Alzheimer disease* », Med Sci 18 :737-743, 2002

DEBRAY Régis, *Le Plan vermeil. Modeste proposition*, Gallimard, 2004.

DELAUNAY Michèle, « “Le tunnel”, ou comment faire carrière sans mettre un pied dans la vraie vie », *Huffington Post*, 2014.
—, « Rapport ministériel sur le vieillissement des personnes LGBT vieillissantes et des personnes atteintes par le VIH », 27 novembre 2013.
DELAUNAY Pierre, *Alerte maltraitance*, 2018.
EHRENBERG Alain, *La Fatigue d'être soi*, Odile Jacob, 1998.
EL KAROUI Hakim, *La Lutte des âges : comment les retraités ont pris le pouvoir*, Flammarion, 2013.
ELLUL Jacques, *La Technique ou l'Enjeu du siècle*, Armand Colin, 1954.
—, *Le Bluff technologique*, Fayard, coll. « Pluriel », 2012.
EYNARD Colette, *Les vieux sont-ils forcément fragiles et vulnérables ?*, Érès, 2019.
FABRIGOULE C., LETENNEUR L., DARTIGUES J.-F. *et al.*, « *Social and leisure activities and risk of dementia : a prospective longitudinal study* », J Am Geriatr Soc 43(5) : 485-490, 1995.
FÈVRE Marick, RIGUIDEL Nicolas, *Amours de vieillesse*, Presses EHESP, 2014.
FERNANDEZ Christophe *et al.*, *On tue les vieux*, Fayard, 2006.
FERREUX-MAEGHT Angèle, VALINDUCQ Vincent, *Zones bleues, les secrets de la longévité*, First, 2019.
FITOUSSI Michèle, *Le Ras-le-bol des superwomen*, Calmann-Lévy, 1997.
FINKIELKRAUT Alain, *La Défaite de la pensée*, Gallimard, 1987.
FLEISCHER Richard, *Soleil vert* (*Solent green*), Presses de la Cité, 1974.
FOURASTIÉ Jean, *Les Trente Glorieuses*, Fayard, coll. « Pluriel », 2011.

Gauchet Marcel, *Le Désenchantement du monde, une histoire politique de la religion*, Gallimard, 1985.

Guedj Jérôme, *Plaidoyer pour les vieux*, Jean-Claude Gawsewitch Éditeur, 2013.

Guérin Serge, Tavoillot Philippe-Henri, *La guerre des générations aura-t-elle lieu ?*, Calmann-Lévy, 2017.

Guérin Serge, *Les Quincados*, Calmann-Lévy, 2019.

Guérin Serge, Lajarge Erick, « Pour un service civique senior en appui aux politiques éducatives », *Libération*, 23 août 2017.

Grafeille Nadine, Fauveau Nicolas, *L'Amour longtemps : la sexualité des seniors*, Plon, 2006.

Guillebaud Jean-Claude, *Les Années orphelines, 1968-1978*, Seuil, 1978.

Guillemard Anne-Marie, *Les Défis du vieillissement*, Armand Colin, 2010.

Guillemard Anne-Marie, Vilchien Danielle, « La gestion de l'emploi selon les âges » (rapport), Haut Conseil de la famille, de l'enfance et de l'âge, janvier 2007.

Guinchard-Kunstler Paulette, Renaud Marie-Thérèse, *Mieux vivre la vieillesse : 100 réponses aux questions des personnes âgées et de leur entourage*, Éditions de l'Atelier, 2006.

Guyot Marie, Copper-Royer Beatrice, *Grands-parents, le maillon fort*, Albin Michel, 2018.

Hamon Hervé, Rotman Patrick, *Génération, les années de rêve*, Babelio, 1987.

—, *Génération, les années de cendres*, Babelio, 2014.

Hanon Cécile, *Devenir vieux : les enjeux de la psychiatrie du sujet âgé*, Doin 2012.

Harrison Harry, *Soleil vert*, J'ai Lu, 2016.

Haut conseil de la santé publique, « Prévention de la maladie d'Alzheimer et des maladies apparentées » (rapport), décembre 2017.

HENNEZEL Marie de, GUTTON Philippe, *Et si vieillir libérait la tendresse...*, Old'up 2019.

Institut national du cancer, « Incidence et mortalité des cancers en France entre 1990 et 2018 » (rapport), juillet 2019.

KORTOBI Lina, « Béguinage : quand le troisième âge s'inspire du Moyen Âge », *Libération*, 19 juillet 2019.

KUPIEC Jean-Manuel, LELONG Patrick, *La Fabrique des centenaires*, Descartes et Cie, 2013.

LACOUR Cédric, « Les séparations : un choc financier surtout pour les femmes », *Insee Analyses Nouvelle-Aquitaine*, n° 64, 2018.

LARCHEZ Michèle, *Femmes baby-boomers : l'autre regard sur la retraite*, L'Harmattan, 2017.

LAUFER Danièle, *L'Année du phénix : la première année de la retraite*, Les liens qui libèrent, 2013.

LÉVY Bernard-Henri, *Éloge des intellectuels*, Grasset, 1987.

LIBAULT Dominique, « Rapport de la concertation Grand âge et autonomie », mars 2019.

LORENZI Jean-Hervé, XUAN Hélène, *La France face au vieillissement : le grand défi*, Descartes et Cie, 2013.

MAISONDIEU Jean, *Le Crépuscule de la raison*, Bayard, 1996.

MARTIN Philippe, *La Dépendance des personnes âgées, un défi pour l'État social*, PUF, 2014.

MARTUCCELLI Danilo, *Forgé par l'épreuve. L'individu dans la France contemporaine*, Armand Colin, 2006.

MÉHUL Étienne Nicolas, CHÉNIER Marie-Joseph, *Chant du départ*, 1794.

MENET Nicolas, ZIMMER Benjamin, *Start-up, arrêtons la mascarade*, Dunod, 2018.

MENET Nicolas, *Construire la société de la longévité*, Eyrolles, 2019.

MOLINIER Pascale, *L'Énigme de la femme active : égoïsme, sexe et compassion*, Payot, 2003.

MOSSUZ-LAVAU Janine, KERVASDOUÉ (de) Anne, *Les femmes ne sont pas des hommes comme les autres*, Odile Jacob, 1997.

OLIEVENSTEIN Claude, *Naissance de la vieillesse*, Odile Jacob, 1999.

PAGNOL Marcel, *La Femme du boulanger*, De Fallois, 1938.

PÉREC Georges, *Les Choses*, Julliard, 1965.

PISANI-FERRY Jean *et al.*, « La Silver Économie, une opportunité de croissance » (rapport), Commissariat général à la stratégie et à la prospective, 2012.

PETIT Mélissa, *Les Retraités : cette richesse pour la France*, L'Harmattan, 2016.

POMMIER Frédéric, *Suzanne*, Éditions des Équateurs, 2018.

POULAIN Michel, HERM Anne, PES Gianni, « Blue Zones : aires de longévité exceptionnelle de par le monde », *Gérontologie et société*, vol. 23, 2016.

RABHI Pierre, *Vers la sobriété heureuse*, Actes Sud, 2010.

RUFO Marcel, *Grands-parents : à vous de jouer*, Anne Carrière, 2012.

SAINT-JEAN Olivier, FAVEREAU Éric, *Alzheimer, le grand leurre*, Michalon, 2018.

SAUVEUR Yannick, « Les représentations médiatiques de la vieillesse dans la société française contemporaine : ambiguïté des discours et réalités sociales » (thèse), Université de Bourgogne, 2011.

SAUVY Alfred, *La Montée des jeunes*, Persée, 1959.

SAVONA-CHIGNIER Frédérique, *Les Nouveaux Vieux sont arrivés*, Old'up, 2017.

SCHIRRMACHER Frank, *Le Réveil de Mathusalem : l'avenir appartient à ceux qui savent vieillir*, Robert Laffont, 2006.

SCHWARTZENBERG Léon, VIANSSON-PONTÉ Léon, *Changer la mort*, Albin Michel, 1977.

SERRES Jean-François, *Vaincre l'isolement : un engagement à portée de main*, L'Atelier, 2019.

SIRINELLI Jean-François, *Les baby-boomers : une génération (1945-1969)*, Fayard, 2003.

—, *Génération sans pareille, les baby-boomers de 1945 à nos jours*, Taillandier, 2016.

SMINK Frederique, « *Epidemiology of eating disorders* », Curr psychiatry rep, 2012.

Tubiana Maurice, *Le Bien-Vieillir. La révolution de l'âge*, De Fallois, 2007.

VELLAS Bruno, « Repérer la fragilité et retarder l'entrée en dépendance », *Soins Gérontologie*, n° 111, 2015.

VIAN Boris, « La Complainte du progrès » (chanson), 1956.

YOUNG Caroline, *60 + actifs : pourquoi le travail post-retraite est indispensable*, H'artpon, 2014.

Table

Pour en savoir plus
sur les Éditions Plon
(catalogue, auteurs, vidéos, actualités...),
vous pouvez consulter
www.plon.fr
www.lisez.com

lisez!

et nous suivre sur les réseaux sociaux

Editions Plon

@EditionsPlon

@editionsplon

MIXTE
Papier issu de
sources responsables
FSC® C003309
FSC
www.fsc.org

L'Éditeur de cet ouvrage s'engage
pour la préservation de l'environnement
et utilise du papier issu de forêts gérées
de manière responsable.

Imprimé en France par EPAC Technologies
N° d'impression : 4550414330219
Dépôt légal : novembre 2019